Es war einmal eine Liebe – so fangen viele Geschichten an, so auch die von Anna. Es war eine Liebe, neben der nicht mehr viel Raum für andere Dinge, andere Interessen, andere Menschen blieb und die selbstverständlich ein ganzes Leben lang dauern sollte. Und dann ist diese Liebe plötzlich verschwunden – ohne großes Trara, ohne Tellerschmeißen und Morddrohungen. Sie wurde ausgelöscht durch eine große Fremdheit, die Anna zu Anfang nicht wahrhaben wollte und gegen die sie gekämpft hat.
Und doch ist er plötzlich da, dieser Tag, an dem sie allein dasteht, die Erinnerung an diese Liebe noch im Kopf, den sichtbaren Beweis – vier Kinder – vor Augen.
Sie nimmt diese Herausforderung an, auch in ihrem Beruf, und beginnt, sich langsam Stück für Stück zu einem eigenständigen Wesen zusammenzusetzen, will ihr Leben auf die eigenen Füße stellen. Sie verbrennt sich die Sohlen, läuft manchmal über dünnes Eis oder scharfe Glassplitter, tappt im dunkeln herum, aber mehr und mehr gewinnt sie festen Boden unter den Füßen. Ein schwieriger Prozeß, denn die vernarbte Haut über ihrer Seele ist noch ziemlich dünn. Sie hat Angst, aber sie merkt auch, wie diese Angst kleiner wird und welche Freude jeder Schritt in ihr auslöst, der sie ein kleines Stückchen weiterbringt.

Anna Johann war viele Jahre als Dramaturgin und Regisseurin an deutschen Theatern beschäftigt. Sie hat Kinderstücke, Kurzgeschichten, Hörspiele und Filmdrehbücher geschrieben. Sie lebt heute als freie Schriftstellerin und Übersetzerin in Frankfurt am Main.

Anna Johann

Geschieden, vier Kinder, ein Hund
na und?

Fischer Taschenbuch Verlag

Die Frau in der Gesellschaft
Herausgegeben von Ingeborg Mues

31.–40. Tausend: Oktober 1993

Originalausgabe
Veröffentlicht im Fischer Taschenbuch Verlag GmbH,
Frankfurt am Main, Februar 1993

© 1993 Fischer Taschenbuch Verlag GmbH, Frankfurt am Main
Umschlaggestaltung: Ingrid Hensinger, Hamburg
Gesamtherstellung: Clausen & Bosse, Leck
Printed in Germany
ISBN 3-596-11118-8

Gedruckt auf chlor- und säurefreiem Papier

Für Fritz

Nach einem Scheidungstermin gibt es mindestens drei Möglichkeiten: Man geht zusammen essen, man geht miteinander ins Bett, oder man verabschiedet sich kurz und knapp, und jeder geht seiner Wege. Mein Mann, den ich seit zehn Minuten nicht mehr so nennen darf, steht vor dem Gerichtsgebäude mir gegenüber und sieht mich an. Er lächelt und wirkt etwas verlegen. Das ist ja in dieser Situation auch nicht weiter verwunderlich. Ich bin es auch. Die Herbstsonne trifft voll sein Gesicht. Ich sehe ihn sehr genau und sehe ihn auch wieder nicht. Um die Augen ist er sehr blaß. Hatte er die kleine blaue Ader unter der linken Augenbraue schon immer? Sie zuckt. Wir stehen da, sehen uns an, keiner sagt etwas, aber wir können uns auch nicht entschließen zu gehen. Endlich fragt er:
»Darf ich dich zum Essen einladen?«
»Danke. Gern.« Meine Stimme klingt höflich neutral.

Das Lokal, in das er mich führt, ist sehr gemütlich, und zu dieser frühen Tageszeit sind nur wenige Gäste da. In stillschweigender Übereinkunft steuern wir beide einen Tisch in einer Nische an. Das haben wir wenn möglich immer getan. Wir lieben es beide, lang und ausgiebig zu speisen, mögen es, dabei soweit wie möglich ungestört zu sein. Gutes Essen macht uns gesprächig. Wir haben an so vielen Tischen lange, ausführliche, wichtige, alberne, verliebte, verbissene, wütende und verletzende Gespräche geführt. Letztere hatten in den vergangenen zwei Jahren zugenommen und bald ausschließlich den Charakter eines erbitterten Kampfes angenommen. Die Demütigung des feindseligen Schweigens hatten wir uns glücklicherweise erspart.
Heute ist er ganz charmanter Gastgeber. Er erinnert sich daran, welchen Wein ich gerne trinke, daß ich normalerweise keine Vorspeise nehme, aber eine heiße Suppe mag, und sagt:

»Du nimmst doch sicher Fisch wie immer?«
Das klingt merkwürdig in dieser Situation: »Wie immer.« »Immer« – das war einmal etwas sehr Beruhigendes, etwas, woran ich glaubte, mich festhalten zu können. Ich benutze dieses Wort schon lange nicht mehr. Das Essen ist gut, der Wein auch. Es ist auf eine besondere Weise angenehm, hier zu sitzen und ihm zuzuhören. Er erzählt Geschichten aus seinem beruflichen Alltag. Er erzählt gut, er hat Witz. Ich höre ihm gerne zu, auch wenn ich mich hin und wieder frage, wie viele dieser heiteren Erlebnisse nur in seiner Phantasie stattgefunden haben. Wie einfallsreich er auf diesem Gebiet ist, habe ich erst nach mehreren Ehejahren gemerkt. Am Anfang nahm ich alles, was er sagte, für bare Münze. Wir lachen viel und herzlich. Wer uns sieht, könnte auf dieses Paar, das sich offensichtlich blendend versteht, neidisch werden.

Wir sprechen auch über all das, was wir in den letzten Wochen und Monaten schon hundertmal besprochen haben: nach welchen Regeln sich unsere zukünftige Beziehung abwickeln wird; wie oft ihn die Kinder besuchen werden (wir haben vier); daß er sicher einmal im Jahr mit ihnen und seiner zukünftigen Frau gemeinsam Ferien machen wird; daß er – wenn irgend möglich – jeden Mittwoch zum Mittagessen kommt; daß er noch ein paar Bücher und Schallplatten aus der Wohnung holen möchte – wann es mir denn recht wäre? – und daß ich selbstverständlich alle Möbel behalten kann. Über all das müssen wir geredet haben. Ich kann mich nur später an nichts mehr erinnern. Ich rede und sehe mir dabei zu, höre mich reden. Jeder Blick, jede Geste, jedes Wort ist genau überlegt, aber gleichzeitig agiere ich völlig mechanisch. Ich setze meinen ganzen Charme ein. Er soll mich klug, interessant, schön und begehrenswert finden. Warum ist mir das so wichtig? Denn ich bin eiskalt und weiß genau, nur ein Versuch von ihm, mich zu berühren, und ich würde zu diesem spitzen, kleinen, geschliffenen Messer greifen, das man ihm für sein Steak neben den Teller gelegt hat. Ich bin in einem merkwürdigen Ausnahmezustand, habe ein sehr gedämpftes und gleichzeitig äußerst geschärftes Wahrnehmungsvermögen. Mein Rezept wirkt: nichts an mich herankommen lassen, alles und jeden auf Distanz halten. Diese panische Angst, die mich seit Wochen begleitete, daß ich vor dem Scheidungsrichter in Tränen ausbrechen könnte. –

Ich bin nicht in Tränen ausgebrochen. Ruhig und gefaßt hatte ich diese kurze Zeremonie, mit der unter elf Ehejahre ein Schlußstrich gezogen wurde, über mich ergehen lassen. War »Zeremonie« für dieses desinteressierte Abhaken der juristischen Formalitäten überhaupt das richtige Wort?

Wir stehen wieder auf der Straße. Ich bedanke mich für das wunderbare Essen. Wir geben uns die Hand, wünschen uns alles Gute, drehen uns um, und jeder geht in sein neues Leben. Seins ist ein bißchen neuer als meins, denn bei mir bleiben vier Zeugen unseres gemeinsamen »alten« Lebens, die jetzt wohl sehr verstört zu Hause sitzen und auf mich warten. Ich gehe schneller, will die Strecke, die mir Zeit läßt, mich nach ihm umzudrehen, rasch hinter mich bringen. Ich spüre es in meinem Rücken, daß er mir nicht nachschaut. Ich drehe mich auch nicht mehr um.

Als ich nach Hause komme, sitzen alle vier aufgereiht wie die Hühner auf der Stange auf der Couch und sehen mich an. Auch unser Hund hat ängstliche Augen. Und dann weinen wir doch alle, als ich versuche, alle fünf auf einmal in die Arme zu nehmen.
»Ihr werdet sehen, es ist alles gar nicht so schlimm.«

Natürlich ist es schlimm. Es ist sogar sehr schlimm. Aber was soll ich sonst sagen? Wir alle wissen, daß ich lüge, aber wir wollen, wir müssen im Moment daran glauben, daß es die Wahrheit ist...

Mein Entschluß, mich scheiden zu lassen, ist nicht erst ein paar Wochen alt. Es sind beinahe auf den Tag genau zwei Jahre, daß ich erkennen mußte, daß es für mich keine andere Möglichkeit gab. Diese Entscheidung hatte unser eheliches Zusammenleben in der letzten Zeit nicht gerade einfach gemacht. Aber wir hatten einen Weg des respektierenden Neben- und Miteinanders gefunden.

Wir konnten immer noch miteinander reden, bemühten uns, die Kinder unsere Schwierigkeiten nicht merken zu lassen. Ob das richtig war, weiß ich nicht. Sie hatten wirklich keine Ahnung. Das merkten wir an ihrer Reaktion, als wir mit ihnen über unsere beabsichtigte Trennung sprachen. Vielleicht hätten wir sie doch schon früher schonend darauf vorbereiten sollen. Vielleicht wäre dann der Schock nicht so groß gewesen. Vielleicht. Aber was hilft es, heute darüber zu grübeln.

Als mein Mann mir damals an einem Abend mitteilte, er habe nun die Frau gefunden, die er heiraten wolle, fiel ich ziemlich unvermittelt erst einmal ins Leere. Dabei hielt er sich genau an unsere Verabredung: der Kinder wegen den Status quo so lange aufrechtzuerhalten, bis einer von uns beiden einen Partner, eine Partnerin gefunden hatte, mit dem oder der er zusammenleben wollte. Ich hatte so manches Stoßgebet zum Himmel geschickt, daß sich das für ihn möglichst bald ergeben sollte. Ich glaubte, von einer schweren Last befreit zu werden. Und jetzt diese Reaktion. Mich überfiel eine alles umfassende, entsetzliche, bodenlose Angst. Ich sah uns beide wie aus der Vogelperspektive, ihn im Sessel mir gegenüber, wie er konzentriert auf seine Hände sah, und mich auf der Couch, die wir vor unendlichen Zeiten zusammen gekauft hatten. Ich bemühte mich, es zu begreifen. Ich hörte ganz genau, was er sagte, aber ich begriff es nicht. Ich versuchte, mit meiner Angst fertig zu werden. Wovor fürchtete ich mich so?

Der Grund waren nicht die allgemeinen Schwierigkeiten, die jetzt auf mich zukamen. Ich stand kurz vor meinem Examen, und das mußte ich erst einmal bestehen. Ich war zwar sehr zuversichtlich, aber natürlich nicht frei von der panischen Vorstellung, vielleicht doch zu versagen. Und was dann? Ich brauchte dieses Examen. Es war der Ausgangspunkt meiner ganzen beruflichen Planung, die notwendige Voraussetzung für mein zukünftiges Leben. Aber einmal angenommen, alles klappte wirklich so, wie ich mir das vorstellte, dann wußte ich natürlich auch noch nicht, ob ich gleich im Anschluß einen Job finden würde, und wenn, ob der mir genug Zeit ließe, mich um meine Kinder zu kümmern. Und wie würden sie die Trennung ihrer Eltern verkraften und eine berufstätige Mutter, die sicher nicht immer da sein wird, wenn es notwendig ist? Das waren Schwierigkeiten, große Schwierigkeiten, aber ich empfand sie nicht als unüberwindlich. Was mich so verstörte, war dieses endgültige »Aus« für eine Beziehung, um deren Fortbestand ich so gekämpft hatte. Diese Liebe, die ewig dauern sollte, war nicht mehr als eine Erinnerung, die mit diesem Menschen, der mir gegenübersaß und von einer anderen Frau erzählte, nichts mehr zu tun hatte. Ich begriff schlagartig, daß ich das erste Mal in meinem Leben wirklich allein war. Und in Zukunft nicht nur für mich, sondern auch für vier Kinder die Verantwortung zu tragen hatte.

Ich habe mein Examen bestanden. Ich habe eine Anstellung bei der hiesigen Zeitung gefunden. Mein Beruf macht mir Spaß. Und nun, mit dem heutigen Tage, ist es offiziell. Ich gehöre zu der relativ großen Gruppe: alleinerziehender Elternteil, wie es so schön auf neuhochdeutsch heißt. Vier Kinder, ein Hund und ein zeitraubender Beruf. Ich bin neugierig, wie wir sechs das schaffen werden.

Hat die Uhr schon immer so laut getickt? Wahrscheinlich. Aber heute abend höre ich sie zum ersten Mal. Ein störendes Geräusch. Das goldene Perpendikel unter dem Glassturz schwingt monoton hin und her über diesem grünen Sockel auf verschnörkelten Löwenfüßen. Ich habe diese Uhr immer sehr geliebt. Ich höre noch die Stimme des Antiquitätenhändlers, der sie uns auf irgendeiner unserer vielen gemeinsamen Reisen verkauft hat.
»Vraiment, Madame, aus der Blütezeit des Pariser Kunsthandwerks.« Jetzt sitze ich da und starre sie an, sie und die Kommode und das Bücherregal und den Sessel und das kleine Tischchen mit der Lampe (Wo haben wir die bloß gekauft? War das auch in Paris? Ist ja auch egal.) und das Telefon in der Ecke.

Vielleicht sollte ich ein bißchen Musik machen oder den Fernsehapparat einschalten. Aber ich habe weder zu dem einen noch zu dem anderen Lust.
»Lies doch mal ein gutes Buch.« Ein vergeblicher Scherzversuch. Meine Stimme klingt unangenehm laut und nicht besonders heiter. Was habe ich denn früher gemacht, wenn ich abends allein war? Das war ich schließlich in der letzten Zeit sehr oft. Und Alleinsein war für mich noch nie ein Problem. Aber jetzt sitze ich da, starre die Wand an und weiß nicht, was ich tun soll. In meinem Kopf ist nichts als eine dumpfe Leere. Es ist so still, bis auf das Ticken der Uhr natürlich. – Erst neun. Ich bin auch noch nicht müde, sonst könnte ich ins Bett gehen. Aber wach im Dunkeln zu liegen ist auch kein schöner Zustand. Ich weiß das. Ich habe es ausprobiert. Ob die Kinder schlafen? Katja sicher nicht. Sie wird ihren Vater am stärksten vermissen. Ich habe sie darauf angesprochen.
»Natürlich vermisse ich ihn. Was hast du denn gedacht?«
Mehr wollte sie nicht darüber sagen. Was sollte man auch mehr darüber sagen? Ich habe versucht – wir beide haben uns bemüht –,

den Kindern verständlich zu machen, daß unsere Scheidung kein leichtfertiger Entschluß, sondern eine »über-lebens-wichtige« Notwendigkeit ist. Aber für sie sieht das natürlich alles ganz anders aus.

Geschieden! Heute habe ich das Wort zum ersten Mal offiziell benutzt, als man mich beim Finanzamt nach meinem Familienstand fragte. Und was sagte dieser pflichtbewußte Beamte: »Was? Und vier Kinder? Na, gute Nacht.«
An diese Bemerkungen werde ich mich auch gewöhnen müssen.

Ich wage wieder einen Blick auf die Uhr. Zehn nach neun. Mit welchem Trick kann ich die langsam aufsteigende Panik zurückhalten, die mich seit den letzten Wochen zu allen möglichen Tages- und Nachtzeiten plötzlich überfällt? Diese lähmende Erkenntnis: »Ich kann das unmöglich schaffen. Vier Kinder und den Beruf. Wenn mal eins von den Blagen krank wird. Lisa hat doch alle naslang irgendwas. Und Jan und Philip sind noch so klein, ganze sechs Jahre alt. Die kann ich doch nicht den ganzen Tag allein lassen. Und der Hund ist auch noch da. Katja wird sich mit ihren gerade zehn Jahren für ihre jüngeren Geschwister verantwortlich fühlen. Das muß ich ihr ausreden. Das hält sie nicht aus. Aber wie halte ich das aus? Was habe ich da bloß gemacht? In welche Sackgasse habe ich mich da um Gottes willen hineinmanövriert?«

Angst! Wie ich sie hasse. Meine Zunge wird pelzig, liegt dumpf und gefühllos wie ein plumper Kloß in meinem Mund. Ich habe das Gefühl, ich ersticke. Ich fühle mich von Mauern eingeschlossen, glatte Wände, ohne Haltegriff, ohne Stufen, Wände, die sich keilförmig nach oben ausdehnen. Und ich ganz unten in diesem Trichter. Wie komme ich hier raus?«

Ich reiße die Balkontür auf. Erst einmal Luft holen.
»Komm, komm, beruhige dich. Du hast dir doch alles genau überlegt. Das klappt schon. Du hast es doch so gewollt. Nun gerate

nicht gleich in Panik. – Siehst du. Es geht schon wieder. Nur immer mit der Ruhe.«
Ich rede mir zu wie einem kranken Gaul. Aber es hilft.

Das Telefon klingelt. Ich erschrecke. Warum bloß? Er ist es nicht. Kann es nicht sein. Wie sollte er das seiner zukünftigen Frau erklären? Aber vielleicht steht er in einer Telefonzelle oder ist in einer Kneipe…? Ob ich einfach nicht abhebe?
Es ist meine Großmutter. Irgendwie bin ich sehr erleichtert.
»Ach, du bist es. Wie schön.«
»Ja«, sagt sie, »ich dachte, ich rufe dich mal an, weil du dich heute abend sicher sehr elend fühlst.«
Da muß ich heulen. Zum zweiten Mal an diesem Tag. Sie wartet geduldig, bis ich ausgeschluchzt habe.
»Na, geht es jetzt besser?«
Ich bin sicher, auch in ihrer Stimme ein paar Tränen zu hören.
»Danke. Viel besser. Es ist sehr lieb, daß du anrufst. Es ging mir gerade beschissen.«
»Das habe ich mir gedacht. Es war sicher ein sehr schwerer Tag für dich.«
»Ja. Ich hatte es mir nicht so schwer vorgestellt.«
»Man muß lernen, mit Entscheidungen zu leben, aber es gibt auch Kraft.«
Diese Frau ist wunderbar. Neunundachtzig Jahre alt und so neugierig auf das Leben, so wach, so ungeheuer lebendig. Wenn man sie ansieht, bekommt man Lust, alt zu werden. Sie sieht das mit dem Altwerden allerdings etwas anders, spricht oft davon, wie gerne sie sterben würde. Aber ich glaube ihr das nicht so recht.
Sie war in den letzten Monaten mein Halt, meine Stütze, meine Zufluchtsstätte. Natürlich war sie sehr betroffen, als ich ihr von meinem Entschluß erzählte, mich scheiden zu lassen. Aber im Gegensatz zu meinem Vater hat sie diese Entscheidung nach einer gewissen Zeit akzeptiert. Ich bin ihr sehr dankbar für den Satz: »Ich kenne dich gut genug um zu wissen, daß du diesen wichtigen Schritt nicht aus einer Laune heraus tust. Es gibt wohl für dich keinen anderen Weg.«

Ich möchte sie jetzt so gerne in die Arme nehmen und sage es ihr.
»Beim nächsten Besuch werde ich dich daran erinnern«, sagt sie, und ich merke, wie sie lächelt.
»Vergißt du es auch nicht, Nonna?«
Meine Großmutter wünscht, mit dem italienischen Namen angeredet zu werden. Das klinge eleganter.
»Nein. Ich vergesse es ganz bestimmt nicht. Also, Kopf hoch. Leg dich jetzt ins Bett und denk an was Schönes. Und vergiß nicht, deinen Melissetee zu trinken. Das beruhigt.«
Ich verspreche es ihr, verspreche ihr alles.

Ein Geräusch hinter mir. Ich drehe mich um. Da stehen die Zwillinge wie Plüsch und Plumm in der Tür und sehen mich an. Der eine hat seinen Hasen im rechten Arm, der andere seinen Clown im linken.
»Na, ihr Männer, könnt ihr nicht schlafen?«
Reden können sie nicht, sie können nur nicken. Ich nehme beide auf den Schoß. Es dauert ein bißchen, bis wir die doch schon recht langen dürren Beine sortiert haben.
»Wollt ihr mir sagen, warum ihr nicht schlafen könnt?«
Jan bekommt sein strenges Gesicht:
»Warum ist der Papi nicht da?«
»Aber Jan.«
Meine Stimme klingt ziemlich lahm.
»Das haben wir euch doch schon alles erklärt. Und nicht nur einmal.«
»Ich versteh' es aber trotzdem nicht. Warum habt ihr euch denn nicht mehr lieb? Wie kommt es denn, daß das vorbeigeht?«
»O Philipp«, denke ich, »wie kommt das? Wenn ich das nur wüßte. Es sollte für immer und ewig sein.«
Ich versuche noch mal, es zu erklären:
»Weißt du, es ist wie bei einer Reise, die man zusammen macht. Man geht auf den Bahnhof, steigt in denselben Zug und weiß, daß man zusammen mit diesem Zug an dasselbe Ziel kommen möchte. Aber dann hält der Zug mal an, so wie jeder Zug einmal hält, und

einer von den beiden, die zusammen eine Reise machen wollen, steigt aus. Und da sieht er einen Vogel auf dem Dach und beobachtet ihn. Und darüber vergißt er, rechtzeitig wieder in den Zug einzusteigen. Und der fährt ohne ihn ab.«
»Das ist aber sehr unvorsichtig von ihm«, sagt Jan.
»Stimmt! Aber das kommt vor. Das wißt ihr doch auch. Wenn ihr Fußball spielt, vergeßt ihr doch auch, nach Hause zu kommen.«
Das Beispiel leuchtet ihnen ein.
»Ja und dann?«
Philip will wissen, wie es weitergeht.
»Ja und dann? Dann steht man da und sieht den Zug wegfahren. Und dann wartet man auf den nächsten und denkt, das ist ja nicht so schlimm. Ich weiß ja, wo ich den anderen wiederfinden kann. Ich weiß ja, wo er hinfährt. Und sehr oft hat man Glück und findet den anderen auch am Ziel.
Es kann aber auch sein, daß der andere, plötzlich allein im Zug, sich denkt: Allein weiterfahren macht keinen Spaß. Da steige ich lieber an der nächsten Station aus und warte dort auf den nächsten Zug. Jetzt ist aber vielleicht an diesem Bahnhof ein besonders schöner Garten mit ganz vielen Blumen. (Warum nehme ich denn gerade dieses Beispiel? Etwa eifersüchtig?) Und der andere will eigentlich auch nur kurz mal gucken. Aber die Blumen ganz hinten im Garten, die leuchten besonders schön. Also geht er da hin. Und während dieser Zeit fährt der nächste Zug vorbei. Und so kann es kommen, daß man sich zwar immer noch liebhat, aber sich nicht mehr findet. Weil die Reise beide nicht mehr zum selben Ziel bringt.«

Ob diese poetische Schilderung einer Entfremdung von meinen beiden Söhnen verstanden wird? Meine Sorge ist unnötig. Sie sind beide auf meinem Schoß eingeschlafen. Ich habe ziemliche Mühe, mit dieser »süßen« Last das Kinderzimmer zu erreichen.

Auf dem Rückweg schaue ich noch mal bei den Mädchen rein. Dachte ich es mir doch. Lisa hat sich wie immer wie ein Igel zusammengerollt und schläft tief und fest. Katja aber liegt mit offenen Augen in ihrem Bett.

»Darf ich heute nacht ausnahmsweise bei dir im Bett schlafen?« flüstert sie.
Ich nicke. Und so ziehen wir beide rüber über den Flur. Ich muß meine Reisegeschichte nicht noch einmal erzählen. Kaum habe ich sie im Arm, schläft sie schon. Nur ich bin immer noch hellwach.

Ich muß dann wohl doch eingeschlafen sein. Der Wecker holt mich mitten aus einem Traum. Zuerst kann ich mir das Geräusch nicht erklären. Was ist das? Was soll das? Es stört mich. Ich möchte es abstellen, aber ich weiß, es ist auch meine einzige Rettung. Ich muß aufwachen. Ich muß. Ich kämpfe, will ans Licht. Ich habe Atemnot. Ich bin unter Wasser – im Meer –, um mich herum ist alles grünblau, ein milchiger Schimmer. Aber unten auf dem Grund liegt Jan. Ich sehe ganz genau das blau-weiße Karo seines Hemdchens. Ich muß ihn retten. Er ertrinkt, wenn ich mich nicht beeile. Fast habe ich ihn erwischt, aber dann muß ich Atem holen. – Was klingelt da? Ich schnappe nach Luft. Aber ich muß wieder runter. Die Zeit drängt. – Dieses Geräusch. – Ich strecke die Hand aus. Kann ich ihn fassen? Beinahe. Es fehlen nur noch ein paar Zentimeter. – Dieses Klingeln! – Ich wache auf. Katja liegt schwer auf meinem rechten Arm. Ich ziehe ihn vorsichtig unter ihr weg und stelle den Wecker ab. – Meine Kehle ist ganz rauh. Als hätte ich geschrien.
Katja dreht sich grunzend auf die andere Seite. Ich nehme sie in den Arm, streichle sie, fühle dankbar ihre verschlafene Wärme.
»Was ist los? Laß mich schlafen.« Sie kuschelt sich an mich.
»Aufstehn, mein Schatz. Es ist Morgen.«
»Ich will nicht. Ich bin müde.«
Ich küsse ihr rechtes Ohr, ihren Nacken. Ich bin so froh, daß sie lebendig ist, daß es Tag ist, daß ein Sonnenstrahl durchs Fenster fällt. Sie dreht sich zu mir um, sieht mich an.
»Was hast du, Mami?«
»Es ist schon gut. Ich habe schlecht geträumt.«
Ich steige aus dem Bett, gehe ins Badezimmer. Mein Gesicht, das mir aus dem Spiegel entgegenschaut, gefällt mir heute morgen gar nicht.

Es poltert an die Badezimmertür.
»Mami! Beeil dich. Ich will mir noch die Haare waschen.« Lisa ist zur Zeit sehr auf ihre Schönheit bedacht.
Dieses morgendliche Gedränge vor der Badezimmertür ist mir sonst so verhaßt. Aber heute morgen kann ich mir nichts Schöneres denken. Und als wir dann endlich alle mehr oder weniger frisch gewaschen und gekämmt am Frühstückstisch sitzen, muß ich wieder aufstehen und jeden noch einmal in den Arm nehmen. Leicht irritiert verständigen sich meine Kinder durch Blicke darüber, daß ihre Mutter heute morgen wieder einmal spinnt. Dann küsse ich eben den Hund.

Der Traum verläßt mich den ganzen Tag nicht, geht mir noch die folgende Woche nach. Ich rufe meine Großmutter an und erzähle ihn ihr. Sie hört sich meine Geschichte ruhig an.
»Was hältst du davon?« frage ich sie.
»Hör auf, dir Sorgen zu machen, daß du dich nicht genügend um deine Kinder kümmern kannst. Das ist sicherlich manchmal so. Natürlich ist es schwer für sie, natürlich müssen sie auf vieles verzichten, aber sie lernen auch manches, das Kinder in sogenannten normalen Familienverhältnissen nicht so früh erfahren können. Sie lernen, Verantwortung zu übernehmen, in erster Linie für sich selbst, aber auch für ihre Geschwister und auch für dich. Ich finde das gut. Ich beobachte euch sehr genau. Ich habe nicht das Gefühl, daß du zu viel von ihnen forderst. Vielleicht werden sie das einmal anders beurteilen, aber vielleicht auch nicht. Ihr schafft das schon.«

Ja, das Gefühl habe ich auch, zumindest am hellen Tag. Wir haben unser Leben einigermaßen im Griff. Hoffe ich. Zumindest, was den äußeren Ablauf betrifft. Auch wenn ich mir seit Monaten nichts Schöneres vorstellen kann, als einmal ausschlafen zu dürfen, stehe ich doch in der Woche jeden Morgen um halb sechs auf, um das Frühstück zu machen. Wenigstens einmal am Tag möchte ich mit den Kindern gemeinsam am Tisch sitzen. Denn leider ist es so, daß wir das abends selten schaffen. Ich komme oft sehr spät nach

Hause oder muß abends noch einmal weg zu einer Veranstaltung. Also hat es sich eingebürgert, daß jeder sich sein Essen, das ich morgens vorbereite, dann warm macht, wenn er gerade Hunger hat. Aber Gott sei Dank gibt es ja auch noch das Wochenende, und die Kinder wachen eifersüchtig darüber, daß ich dann nicht auch noch am Schreibtisch sitze. Die Gefahr ist groß. Ich habe das Gefühl, ich muß mir noch eine ganze Menge erarbeiten, bis ich mich einigermaßen sicher in meinem Metier fühlen kann. Falls das überhaupt zu erreichen ist. Aber man macht es mir nicht allzu schwer. Bis jetzt habe ich nur kollegiale Unterstützung erfahren. Ich fühle mich in »meiner« Redaktion sehr gut aufgehoben.

Mein Bruder und ich hatten ein Spiel. »Zwick mich mal. Ich glaub', ich träum'«, war unser ständiger Ausspruch, wenn wir etwas Schönes erlebten. Und das gegenseitige Gezwicke artete meistens in eine regelrechte Keilerei aus. Mir geht dieser Satz jeden Morgen im Kopf herum, wenn ich mich bei den täglichen Redaktionskonferenzen einfinde. Ich kann es oft gar nicht begreifen, daß wirklich ich es bin, die da mit an diesem Tisch sitzt und einfach dazugehört. Und dann verspüre ich schon einen gewissen Stolz, daß ich es wirklich geschafft habe. Von den Zweifeln, ob denn das, was ich kann, auch ausreicht, um in meinem Beruf dahin zu kommen, wo ich einmal hinkommen will, von denen rede ich lieber nicht. Und von den Schuldgefühlen, die mich immer dann überfallen, wenn mir meine Kinder in den Sinn kommen, lieber auch nicht. Es ist alles noch sehr neu für mich, und manchmal habe ich das Gefühl, daß ich diese Selbstverständlichkeit, die der Chefredakteur so überzeugend ausstrahlt, in meinem Beruf nie erreichen werde. Ich bin schon zufrieden, daß ich mittlerweile nach sechs Monaten ungefragt den Mund aufmache. In der ersten Zeit saß ich still und stumm am Tisch, bis einer der Kollegen sagte:
»Sie sagen ja gar nichts. Ihre Meinung würde uns schon interessieren.«
Das wurde mir dann mit der Zeit lästig, vor allem, daß sich dann die ganze Tischrunde lächelnd mir zuwandte, alle mit dem gleichen Gesicht wie meine Patentante, wenn sie darauf wartete, daß

ich das für Weihnachten eingeübte Gedicht aufsagte. Also habe ich es gelernt, meine Meinung klar und deutlich zu sagen. Das habe ich in der letzten Zeit gelernt und einiges mehr.

Es ist schon erstaunlich, was man alles lernt, wenn man sich nicht mehr nach einem Mann umdrehen und sagen kann: Bitte, mach du das doch mal. Täglich mache ich neue Erfahrungen: Es hilft, die Verteilerkappe am Auto abzuschrauben und auszuwischen, wenn es morgens früh nicht anspringen will; ich kann mittlerweile Fahrräder auseinandernehmen und wieder zusammenbauen; ich lernte, dem Handwerker unmißverständlich klarzumachen, daß ich durchaus, obwohl weiblichen Geschlechts, in der Lage bin, eine Rechnung zu lesen, und berechnete Stunden zu den tatsächlich gearbeiteten ins Verhältnis setzen kann. Ich kann inzwischen mit einem Schlagbohrer und einem Schwingschleifer umgehen. Einen Profi wird es sicher grausen, wenn er mir zusieht. Vorherige Planung ist nicht so sehr meine Stärke. Ich probiere gleich am Objekt, und das zeitigt des öfteren erstaunliche Ergebnisse. Aber ich komme dahin, wo ich hin will, wenn auch auf Umwegen.
Und meine Haut ist auch schon etwas dicker geworden. Zwangsläufig. Es blieb mir gar nichts anderes übrig. Ich hätte nicht gedacht, daß man im tagtäglichen Einerlei so oft in Schwierigkeiten gerät, ja sogar diskriminiert wird, wenn man sagt, daß man seine Kinder allein erzieht. Wenn ich da nur an das Gespräch mit Katjas Klassenlehrer denke. Ich fürchte, ich konnte ihn nicht überzeugen, daß ich sehr wohl meine Kinder auch allein zu anständigen Menschen (was immer er darunter versteht) zu erziehen weiß.
Und ich habe gelernt, allein in ein Restaurant zu gehen. Es hat einige Zeit gedauert, bis ich diese letzte Hürde genommen habe. Gerne mache ich es heute immer noch nicht. Mir fehlt das Gegenüber für das Gespräch. Andererseits bekomme ich mehr und mehr Spaß daran, in aller Ruhe Leute beobachten zu können. Mein Lieblingsspiel ist es, Biographien für diese wildfremden Menschen zu erfinden. Das bringt mich manchmal in Verlegenheit, da ich offensichtlich nicht merke, daß ich mein Studienobjekt sehr direkt anstarre. Aber bis ich es geschafft hatte, mit einer gewissen Selbst-

verständlichkeit ein Lokal zu betreten, das hat gedauert. Ich habe mir das hart erarbeitet. Wenn ich mich an die Anfänge erinnere...

Ich brauchte mehrere Anläufe. Beim ersten bin ich nur bis zu unserer Wohnungstür gekommen, habe mich dann wieder umgedreht und beschlossen, diesen Punkt meiner Emanzipation noch etwas hinauszuschieben. Der zweite Versuch brachte mich immerhin schon bis zur Tür des Lokals. Nur stellte ich dort völlig überrascht fest, daß ich wirklich absolut keinen Hunger mehr hatte. Wirklich, keine Spur von Appetit. Warum also sollte ich in ein Restaurant gehen? Und aller guten Dinge waren leider auch nicht drei, denn diesmal hatte ich zwar das Lokal betreten, mich dann aber nur suchend umgeschaut, als würde ich von irgend jemandem erwartet, und war schnell wieder geflohen.

Aber einmal mußte es ja sein. Auf einer Dienstreise war ich irgendwann die Hamburgers und Bratwürste vom Rost so leid, daß mir gar nichts anderes übrigblieb. Außerdem regnete es. Ich ging also in ein Restaurant, hängte meinen Mantel an den Garderobenhaken und setzte mich voller Entschlossenheit an einen Tisch. Mit dem Blick hielt ich mich zunächst vorsichtshalber am Muster der Tischdecke fest. Doch das hielt ich nur eine kurze Zeit aus. Es lag auch keine Speisekarte da, in die ich mich hätte vertiefen können. Es half nichts. Wenn ich hier nicht weiter untätig dem Knurren meines Magens zuhören wollte, mußte etwas geschehen.
Ich hob den Kopf und erblickte einen schwarzbefrackten Ober, der sich meinem Tisch näherte. Ich lächelte ihn an. Aber er rauschte einfach an mir vorbei. Mit konzentriertem Gesichtsausdruck hielt er den Blick starr auf ein offensichtlich sehr konkretes Ziel gerichtet und gönnte seinen Augen keine Abschweifung nach links oder rechts. Rechts war nicht so schlimm. Da war die Wand. Aber links, da saß ich. Er sah mich einfach nicht. Er ignorierte mich nicht, dafür hätte er mich ja erst einmal wahrnehmen müssen. Aber daran war nicht zu denken, auch nicht mit einem flüchtigen, rein zufälligen Wimpernschlag nahm er mich zur Kenntnis. Mit

einer Leichtigkeit, einer Selbstverständlichkeit lief er immer wieder an mir vorbei, mal mit einem Stapel vollbeladener Teller, mal mit leeren. Er lächelte einem Paar am Tisch vor mir freundlich zu, blieb sogar einen Moment stehen, um mit ihnen einige höfliche Worte zu wechseln, und verließ dann wieder den Raum in Richtung Küche, was ihn auf direktem Wege an mir vorbeiführte. Doch selbst mein entschlossenes »Herr Ober!« lockte ihn nicht an meinen Tisch. Langsam spürte ich Wut in mir aufsteigen. Davon sammelte sich in der nächsten halben Stunde eine ganze Menge an. Das half.

Ich stand auf, ging zur Theke und fragte nach dem Geschäftsführer. Die Begegnung mit diesem wichtigen Menschen wurde mir allerdings nicht gegönnt, doch dem Oberkellner durfte ich meine Beschwerde vortragen. Er zückte seinen Block und nahm höchstpersönlich meine Wünsche zur Kenntnis.

Als ich dann endlich den Teller mit Kalbsgeschnetzeltem vor mir hatte, erwachte in meinem Herzen tiefste Reue, und ich bat den Kellner stumm, aber inständig um Verzeihung. Mißachtung hatte ich ihm vorgeworfen, Frauenfeindlichkeit ihm unterstellt, dabei war es nur Fürsorge gewesen. Er hatte mich davor bewahren wollen, diese trockenen Fleischstückchen, verziert mit einem Klecks pampigem Reis »naturel«, in mich hineinstopfen zu müssen, mitsamt diesem mehligen, undefinierbaren Etwas, das sich »Sauce nach Art des Hauses« nannte. »Schweinefraß« hätte Jan gesagt und beleidigt den Teller weggeschoben. Leider hatte ich mir in der kurzen Zeit so viel Mut noch nicht angeeignet, um es meinem Sohn gleichzutun. Ich habe brav alles aufgegessen. Immerhin war ich mutig genug, auf die rhetorische Frage des Kellners: »Hat es geschmeckt, gnädige Frau?« mit einem klaren »Nein!« zu antworten. Doch darauf reagierte der Schwarzbefrackte noch nicht einmal mit einem Zucken seiner Augenbraue. Wahrscheinlich hatte er mir überhaupt nicht zugehört. Doch das störte mich nicht weiter. Hocherhobenen Hauptes und mit einem guten Gefühl im Bauch verließ ich das Lokal. War doch gar nicht so schwer gewesen.

Wieso hatte ich mich bloß so davor gefürchtet? Ich begriff es nicht mehr.
Im Gang hing ein Spiegel. Ich blieb davor stehen und betrachtete mich sehr genau. Ich fing an, mich zu mögen, entdeckte eine aufkeimende Vertrautheit mit meinem Spiegelbild. Ein Mann ging vorbei, zögerte und lächelte meinem Gesicht auf der matten Spiegelscheibe zu. Ich lächelte zurück und ging.

»Wumm!« Die Tür war zu. Und noch mal. »Wumm!« Das war die Kinderzimmertür. Kein Zweifel. Jan ist nach Hause gekommen, mein Jüngster, denn sein Bruder Philip ist einen Tag früher geboren. Der Altersunterschied macht allerdings, genau betrachtet, nur zweiundzwanzig Minuten aus. Aber so kommt jeder wenigstens zu einem Geburtstag, der ihm ganz allein gehört. Und natürlich auch – und darauf bestehen beide seit jeher – zu seiner eigenen Geburtstagsfeier. Wenn ich mir das vor Jahren plastisch vor Augen geführt hätte, daß vier Kinder auch vier Geburtstagsfeste bedeuten, hätte ich mir das mit den vier Kindern sicher noch einmal überlegt.

Und zum dritten Mal gibt es einen Schlag, dieser ist etwas heller, nicht so dumpf wie die beiden vorherigen, die die Grundfesten unserer Wohnung erschüttert haben. Das war also die Schultasche. Ich verstehe die Botschaft. Dem Kleinen ist eine ziemlich dicke Laus über die Leber gelaufen. Nur verspüre ich nicht die geringste Lust, darauf einzugehen. Meine Laus ist auch nicht von schlechten Eltern. Dieser Auftritt beim Chefredakteur heute morgen liegt mir immer noch schwer auf der Seele. Vor allem meine Mitschuld an dem Verlauf des Gespräches ärgert mich. Es ist immer wieder dasselbe.

Schon als Vierzehnjährige hatte ich mir sehnlichst gewünscht, kühl, blaß, souverän und distanziert zu wirken, »echt cool« eben, wie Lisa das heute nennen würde. Statt dessen wechselte ich schnellstens die Straßenseite, wenn mir in der Stadt der Knabe begegnete, für den ich gerade schwärmte. Ich hoffte inständig, daß er auf eine größere Distanz nicht sehen konnte, daß mir das Blut langsam den Hals hochkroch und die Röte ins Gesicht stieg.

Immer noch ist die kühle Distanziertheit ein fernes, unerreichbares Ziel. Ich brenne einfach eine Stufe zu hoch. Wenn ich mich aufrege, merke ich, wie sich in meinem Magen eine Feuerstelle bildet, von der aus die Hitze langsam in mir aufsteigt. Zuerst glühen die Ohren, dann bekomme ich rote Flecken am Hals, und schließlich bilden sich kleine Schweißtröpfchen auf meiner Stirn. Nicht zuletzt deshalb trage ich eine Ponyfrisur. Und entsprechend diesem äußeren Erscheinungsbild sieht es im Innern meines Kopfes aus. Die kühle Sachlichkeit ist mir nicht gegönnt.

Heute morgen ist es mir wieder passiert. Obwohl mein Verstand es genau analysieren kann, bin ich machtlos. Immer wieder überwältigt mich die Emotion, wenn mir gegenüber dieser ganz spezifisch joviale Ton angeschlagen wird. Diese Irrenarzt-Methode: »Na, es geht uns wohl heute nicht so besonders gut?« Was heißt hier »uns«?
Dabei habe ich genügend Beweise, daß der Chefredakteur meine Arbeit schätzt. Er gehört zu der leider dünn gesäten Art von Vorgesetzten, die auch einmal ein Lob über ihre Lippen bringen. Aber immer dann, wenn wir verschiedener Meinung sind, kommt er mit der gleichen Masche: väterlich wohltuend. Da sträubt sich bei mir sämtliches Gefieder. Der Himmel weiß, warum. Es ist nun mal so.

Und das heute morgen war der Gipfel. »Geschlechtsspezifisch!« sagte er und blickte lächelnd in die Runde. Er benannte damit meine Haltung in einem Artikel, den ich geschrieben hatte und der Erörterungsgegenstand der heutigen Sitzung war. Ich argumentierte sachlich, inhaltsbezogen, neutral – wenn auch etwas erregt. Zugegeben. Es hatte mich wirklich wütend gemacht, wie diese gestrige öffentliche Diskussion zum Thema »Gewalt gegen Frauen« im Frauenhaus verlaufen war, über die ich geschrieben hatte. »Die Frau kennt keine Gewalt!« Dieser Satz wurde selbstgerecht zum Postulat erhoben. Daß ich nicht lache. Lila-Latzhosen-Romantik nenne ich so etwas, und das habe ich auch geschrieben. Ich weiß, wovon ich rede. Ich kenne diesen glühenden

Ball in meinem Magen nur allzugut, und der heißt: Mord. Und ich glaube es nur sehr wenigen Menschen, wenn sie sagen, sie hätten noch nie Mordgedanken gehabt.

Und dann kommt dieser Mensch und faselt was von »geschlechtsspezifischen Problemen«. So kann man leicht jedes Argument abwürgen. Und damit nicht genug. Er setzt noch einen drauf. Wieder lächelt er und sagt zum Ressortleiter:
»Unsere liebe Kollegin kann eben nicht mit Frauen.«
Da bin ich explodiert. Nichts mehr von kühl und distanziert. Aber bei solchen Plattheiten nicht an die Decke zu gehen, das geht über meine Kraft. Ich spürte das leichte Kitzeln der Schweißtröpfchen an meinem Haaransatz und hoffte sehnlichst, daß es die grinsenden Männer rund um den Tisch nicht merkten. Eine halbe Stunde später in meinem Büro fielen mir alle Argumente ein, die ich sachlich, kühl und distanziert hätte vorbringen müssen.

Jetzt öffnet sich hinter mir langsam die Tür. Es hat etwas Melodramatisches, wie diese Türklinke nach unten gedrückt wird und der Riegel im Zeitlupentempo wieder in das Schloß einrastet. Stille. Ich rühre mich nicht, bleibe stumm. Jan macht ein paar Schritte ins Zimmer hinein, läßt sich dann mit einem tiefen Seufzer auf die Couch fallen. Pause. Schweigen. Ich spüre seinen auffordernden Blick in meinem Nacken, aber ich konzentriere mich ganz auf meinen Artikel über die Veranstaltung im Frauenhaus, den ich auf Weisung des Chefredakteurs »seiner Polemik zu entkleiden« habe. Jetzt habe ich dieselbe Zeile doch schon dreimal gelesen. Ich warte auf den nächsten Seufzer in meinem Rücken. Da ist er. Wer von uns beiden hat den längeren Atem?
»Na«, sage ich und drehe mich zu ihm um, »was hast du für Kummer?«
Da sitzt er auch schon auf meinem Schoß, vergräbt sein Gesicht in meiner Halsgrube und beginnt zu weinen. Offenbar ist das Problem doch ernster, als ich angenommen hatte. Ich streichle leise das schmale Kreuz und versuche, mir nicht anmerken zu lassen, wie sehr es mich immer wieder erschreckt, wenn eines meiner Kin-

der Kummer hat. Und diesmal scheint es ein besonders großer zu sein. Jan schluchzt lange in mich hinein. Mein Pullover ist schon ganz naß.
»Ist ja schon gut, Jan. Was ist denn passiert? – Willst du es mir nicht sagen?«
Stoßweise zwingt er seinen Kummer aus sich heraus. Der Anlaß, der Grund bin, genau betrachtet, ich. Das heißt meine Art und Weise zu leben, wenn ich das Problem richtig interpretiere.

Jan hat seit seinem ersten Schultag einen Freund, Oliver. Ich habe mich darüber gefreut, denn Jan tut sich im Gegensatz zu seinem Bruder schwer damit, Freunde zu finden. Philip kommt jeden Tag vom Spielplatz und bringt eine neue Eroberung mit, die er als erstes Jan vorstellt, um zu sehen, ob der auch damit einverstanden ist. Daraus ergibt sich, daß meine Söhne meistens nur im Rudel auftreten. Eine ziemlich stimmkräftige Horde, die sicher nicht jedermanns Sache ist. Aber daß Jan von sich aus einmal einen Freund mitbringt, das ist sehr selten. Oliver und er waren gleich ein Herz und eine Seele. Es ging sogar so weit, daß Philip eifersüchtige Anwandlungen bekam. Jan war vorher nie ohne seinen Bruder irgendwohin gegangen. Erst seitdem er Oliver kennt, kommt es vor, daß er sich mit seinem Freund von den übrigen absondert und eigene Wege geht.
Und gestern hatte Oliver seinen Freund erstmals mit zu sich nach Hause genommen. Seine Mutter hatte meinen Sohn offensichtlich sehr gründlich befragt, wer seine Eltern seien, was der Vater beruflich mache, und Jan hatte bereitwillig Auskunft gegeben. Er sah ja auch keinerlei Grund, unsere Familienverhältnisse zu verschweigen. Wie sollte er auch. Aber heute in der Schule wollte Oliver plötzlich nichts mehr von ihm wissen, ließ ihn völlig links liegen. Und als Jan hartnäckig nachforschte, was denn los sei, kam es ans Tageslicht. Seine Mutter hat ihm verboten, mit ihm befreundet zu sein.
»Warum, Mami? Warum denn bloß?«
Ich putze meinem Sohn die Tränen ab. Es bricht mir fast das Herz, wenn ich seine traurigen Augen sehe. Wie soll ich ihm diese Frage

beantworten? Was zählt eine »standesgemäße Position« im Vergleich zu den Gefühlen für seinen Freund. Es ist immer wieder verwunderlich, in welch vorsintflutlichen Zeiten wir noch leben. Ich wäre gar nicht auf die Idee gekommen, daß unser »Familienstand« nicht respektabel genug ist. Und ich mag meinem Sohn auch dieses läppische Argument nicht als Grund benennen.
»Ich glaube, Olivers Mutter hat da irgend etwas mißverstanden. Weißt du, was? Ich rufe sie am Wochenende mal an und rede mit ihr. Vielleicht können wir ja die Sache klären.«
Er rutscht von meinem Schoß runter und sieht mich sehr ernst an:
»Du rufst aber auch ganz bestimmt an.«
»Großes Ehrenwort.«
Ich schaue ihn an, wie er da vor mir steht, mit seinem verheulten Kindergesicht. Er ist mir merkwürdig fremd in diesem Augenblick. Sein konzentrierter Blick, diese hellgrünen Augen. Die ganze Familie rätselt, wo er die her hat. Und der Mund ist auch nicht aus unserer Familie, hat meine Großmutter klar erkannt. Dagegen ist Philip das getreue Abbild seines Vaters.
»Wie gespuckt!« Wieder Originalton Nonna.
Plötzlich wird uns beiden bewußt, daß wir uns immer noch stumm ansehen. Das macht uns ein bißchen verlegen. Daraus rettet uns Philip, der mit einem lautstarken Indianergeheul ins Zimmer stürmt.
»Ach, hier bist du. Ich habe dich überall gesucht, Jan. Komm, die anderen warten schon. Wo ist Oliver?«
Jetzt merkt er, daß irgend etwas nicht stimmt. Er schaut zwischen uns beiden hin und her, wittert konspirative Kräfte. Jan sagt betont lässig:
»Oliver hat heute keine Zeit. Also los, komm.«
Er zieht seinen Bruder an der Hand aus dem Zimmer, wirft mir im Hinausgehen noch einen Blick zu, der eindeutig sagt:
»Halt ja die Schnauze.«

Meine Seele hat ein Narbengesicht. Ein paar Wunden brechen immer wieder auf. »Bitte nicht berühren«, sollte ich dranschreiben.

»Warum willst du denn nicht mitkommen? Es kommen wirklich nur Menschen zu dieser Party, nicht irgendwelche Leute. Bestimmt. Die meisten kennst du sowieso von früher. Du kannst dich doch nicht dauernd verkriechen.«
Meine Freundin Franziska ist der personifizierte Vorwurf.
»Ich verkrieche mich ja gar nicht. Ich bin nur hundemüde. Der Job ist immer noch ziemlich neu für mich, und dazu brauche ich meine ganze Kraft. Und dann noch die Kinder, die schaffen mich im Moment. Was soll ich da auf einer Party? Ich habe wirklich keine Lust, da gähnend rumzusitzen.«
»Mach dir doch nichts vor. Du bist bloß feige.«
Das trifft, weil sie recht hat. In gewisser Weise jedenfalls. Warum läßt sie mich nicht in Ruhe? Ich freue mich wirklich immer auf den Abend, wenn die Kinder im Bett sind und ich endlich ein bißchen Zeit für mich habe. Obwohl andererseits – wenn ich darüber nachdenke –, die letzten Monate habe ich mich nur zwischen Redaktion und der Wohnung hin und her bewegt und nichts anderes gesehen. Vielleicht wäre diese Party eine positive Abwechslung in meinem sonst so ereignislosen Privatleben? Ich weiß, die Menschen, mit denen meine Freundin Franziska zusammen ist, sind interessant, interessiert, anregend, ungewöhnlich und chaotisch. Die meisten kommen vom Theater, Kollegen von Franziska, die Schauspielerin ist. Natürlich drehen sich die meisten Gespräche ausschließlich ums Theater. Aber ich höre gern zu. Früher waren wir oft zusammen, auch wenn mein Vater immer etwas abfällig vom »Tingeltangel« sprach. Aber seit unserer Scheidung hatte ich keinen mehr von der Clique gesehen.

»Also gut.« Ich hatte mich entschlossen. »Ich komme mit.«
»Na Gott sei Dank! Dornröschen ist endlich aufgewacht. Wurde aber auch Zeit.«
Franziska ist schon an der Tür.
»Und zieh was Hübsches an. Es kommen ein paar attraktive Männer. Tschüs, bis halb acht. Ich hol' dich ab.«

Das hätte sie lieber nicht sagen sollen, das mit den attraktiven Männern. Ich habe nicht die geringste Lust, diese altbekannten Spiele schon wieder zu spielen. Vielleicht später einmal wieder. Das heißt, sicher sogar, wie ich mich kenne. Aber im Augenblick will ich noch nichts davon wissen. Ich bin noch zu sehr damit beschäftigt, über mich selbst nachzudenken. Es fällt mir schwer, mich aus den verschiedenen Puzzle-Teilchen zusammenzusetzen, die ich tagtäglich entdecke. Jeden Tag finde ich ein neues.

Letzte Woche zum Beispiel stand in der Redaktion plötzlich meine Jugendliebe vor meinem Schreibtisch. Achtzehn Jahre hatten wir uns nicht gesehen, auch nach unserer sehr tränenreichen Trennung nie wieder voneinander gehört. Und jetzt steht er plötzlich da. Einer dieser Zufälle, ein Freund seines Freundes ist mit einem Kollegen von mir befreundet, und das hat ihn zu mir gebracht. Ich habe ihn sofort erkannt, auch wenn er ein bißchen dicker geworden ist. Das blonde Haar, das damals eine schulterlange dichte Mähne war, die ich sehr attraktiv fand, lichtet sich an den Schläfen schon merklich. Aber er hat noch immer dieses schiefe Grinsen, in das ich mich zuerst verliebt hatte. Dieses Grinsen, das seinen linken Mundwinkel nach oben zieht und ihn wie einen melancholischen alten Kater aussehen läßt. Ich freute mich sehr, ihn zu sehen.

Ich habe ihn zum Abendessen mit nach Hause genommen, damit er gleich den richtigen Eindruck von meinem Leben bekommt. Die Kinder waren sehr mißtrauisch, und unser Hund hat sogar geknurrt, was er selten oder nie tut. Aber es war für sie das erste Mal, daß ich einen Mann mit nach Hause brachte. Da schrillten

offensichtlich bei allen Familienmitgliedern die Alarmglocken. Die Parole hieß: »Abwehr!« Mir ist das nicht so aufgefallen, aber ihm. Er fühlte sich sehr unbehaglich, wie er mir später erzählte. Das änderte sich erst bei der zweiten Flasche Wein, als die Kinder im Bett waren und unser Hund beschlossen hatte, sich doch lieber von diesem Fremden das Fell kraulen zu lassen, als ihn den ganzen Abend anzuknurren.
Und dann haben wir geredet, von all dem, was uns in den vergangenen achtzehn Jahren passiert ist. Das war ja schließlich bei jedem von uns eine ganze Menge. Und wir haben natürlich über damals gesprochen. Morgens früh um fünf hieß es nur noch: »Kannst du dich noch erinnern? Weißt du noch?«
Und er hat mir erzählt, wie und wer ich mit sechzehn Jahren war. Nur diese Person, die er beschrieb, war mir völlig unbekannt. Nach meiner Meinung hatte sie mit mir nicht die geringste Ähnlichkeit. Wieso kam er dazu, mich so zu sehen? Hatte ich mich während unserer Freundschaft so verstellt? Das kann ich mir kaum denken. Aber offensichtlich doch. Warum bloß? Um ihm zu gefallen?

Ich habe dann, gleich nachdem er gegangen war, meine diversen »Vergangenheiten« angerufen. Es ist eine überschaubare Zahl, und zu den meisten gibt es immer noch eine mehr oder weniger starke freundschaftliche Verbindung. Diese wurde jetzt auf eine sehr harte Probe gestellt. Beim ersten holte ich mir eine kräftige Abfuhr. Der zweite warf mir zwar ein paar unfreundliche Ausdrücke an den Kopf, weil ich ihn geweckt hatte, unterhielt sich dann aber doch ausführlich mit mir. Auch beim dritten war es etwas schwierig, ihn zu dieser frühen Tageszeit zum Reden zu bringen. Aber ich war neugierig und blieb stur. Ich wollte es wissen. Welches Bild haben die Männer, mit denen ich befreundet gewesen war, von mir? Das gleiche wie das, was ich heute nacht gehört hatte, oder eins, das meiner Vorstellung etwas näher kommt? Sie hatten beide ein anderes. Das eine oder andere Detail stimmte mit der Ansicht meiner Jugendliebe oder meiner Meinung überein. Aber mehr auch nicht. Ich war offensichtlich ein Chamäleon. Was mich besonders verstörte, war, daß der eine oder andere meiner Charakterzüge, der geschildert wurde, mit mir nun wirklich nichts, absolut nichts zu tun hatte.

Dieses Erlebnis ist doch nun tatsächlich Grund genug, darüber nachzudenken, wer ich bin und was ich will. Und ich verspüre nicht mehr die geringste Lust, mir das von jemand anderem sagen zu lassen. Also werde ich heute abend nicht »was besonders Hübsches anziehen«. Attraktive Männer hin oder her. Ich werde mich einfach in eine stille Ecke zurückziehen und nur zusehen und zuhören.

Ich tanze den ganzen Abend, kann gar nicht genug bekommen. Wieso hatte ich bis heute abend nicht gemerkt, wie eingesperrt ich mich die letzten Jahre gefühlt habe. Nicht erst seit der Scheidung. Ich hatte mich ja, je schwieriger meine Ehe für mich wurde, mehr und mehr von allem zurückgezogen.
Keine fünf Minuten kann ich sitzen bleiben. Es hält mich nichts auf dem Stuhl. Ich muß tanzen. Hin und wieder sehe ich Franziskas strahlendes Gesicht. Ich weiß, sie klopft sich innerlich auf die Schulter, daß es ihr gelungen ist, mich hierher zu locken. Siehst du, sagt ihr Blick, ich habe es doch gewußt. Es geht dir gut. Sie hat recht. Sie kann stolz auf sich sein. Ich fühle mich wirklich großartig.
Irgendwie ergibt es sich, daß ich nur noch mit ein und demselben Mann tanze. Er tanzt wunderbar. Er erzählt wunderbar, und er sieht auch noch wunderbar aus. Wir bleiben mitten auf der Tanzfläche stehen und reden mit Händen und Füßen aufeinander ein. Er bringt mich zum Lachen. Er flirtet schamlos mit mir. Ich genieße das, sauge dieses Interesse an meiner Person förmlich in mich hinein. Dieses wunderbare Spiel. Wie konnte ich nur glauben, daß es mich nicht mehr interessiert. Und dann sagt er:
»Ich möchte gern mit dir schlafen.«
Einfach so sagt er das, mitten in unser ausgelassenes Gelächter hinein, das zwar mit einer Umarmung endet, die aber für mich völlig harmlos ist, »zweckfrei«, oder wie ich das ausdrücken soll. Ich war

noch bei dem Spiel und weit entfernt von jeglicher Realität. Ich höre mich nur stammeln:
»O bitte nein. Nein, danke. Bitte.«
Und dann bin ich auch schon auf der Treppe. Franziska, der ich gerade vor fünf Minuten noch um den Hals gefallen war, um ihr zu sagen, wie froh ich sei, daß sie mich überredet hat, mitzukommen, rennt mir hinterher.
»Was ist denn passiert? Was hast du denn?«
Sie hält mich am Arm fest. Ich werde hysterisch.
»Laß los«, brülle ich sie an. »Wenn du was für mich tun willst, dann hol meinen Mantel und meine Tasche. Und bestell mir ein Taxi.«
Sie weiß wirklich nicht, was sie sagen soll.
»Ja, ja. Mach' ich. Mach' ich ja. Warte hier.«
Und sie geht die Stufen hinauf.
»Aber lauf nicht weg. Setz dich auf die Treppe und warte, bis ich wiederkomme. Versprichst du mir das?«
Ich nicke, und als sie wiederkommt, bin ich schon in Tränen aufgelöst. Sie ist völlig verstört.
»Was hat er denn gesagt? Hat der Typ dich beleidigt?«
Ich schüttle nur den Kopf.
»Er hat gar nichts getan. Er war sehr nett. Es liegt nur an mir. Ich hätte nicht mitkommen sollen.«
»Willst du mir nicht erzählen, was passiert ist?«
»Ich kann nicht. Morgen vielleicht. Jetzt will ich nur heim.«
»Soll ich mitkommen?«
»Nein, nein. Bleib bloß hier. Ich komme schon klar. Danke.«
Franziska sieht mich zweifelnd an.
»Bist du sicher?«
Ich versuche, sie zu beruhigen.
»Ganz sicher. Ich bin schon wieder in Ordnung.«
»So siehst du aber nicht aus.«

Ich lasse mich dann doch gerne von ihr zum Taxi bringen. Sie steht am Bürgersteig und sieht mich immer noch völlig fassungslos an. Dazu hat sie auch allen Grund. Ich begreife mich ja selbst nicht.

Im Taxi stürzen wahre Bäche von Tränen aus meinen Augen. Ein Schluchzen schüttelt mich, wie ich es noch nie erlebt habe. Es hört sich furchtbar an, aber ich kann nicht aufhören. Wenn ich zwischendrin einmal meinen tränenverschleierten Blick nach vorn richte, merke ich, daß mich der Taxifahrer im Rückspiegel beobachtet. Soll er doch. Es ist mir egal. Ja. Schlicht und einfach egal.

Plötzlich hält das Taxi. Das ist nicht meine Straße. Warum hält der hier? Er dreht sich zu mir um und sagt ganz ruhig:
»Es geht mich ja nichts an, aber meinen Sie nicht, es wäre besser, wenn wir beide erst mal in die Kneipe da gehen und was trinken? Und wenn Sie mögen, erzählen Sie mir, was passiert ist.«
Meine erste Reaktion ist Schreck und Abwehr. Bitte nicht schon wieder einer, der mir zu nahe kommt. Aber irgend etwas in seiner Stimme beruhigt mich, und in seinem Blick ist keine aufdringliche Neugier, sondern nur eine konzentrierte Aufmerksamkeit. Und ich fühle mich so hilflos allein. Ich weiß nicht, warum ich auf sein Angebot eingehe, aber wir steigen aus und gehen gemeinsam ein Bier trinken.

Es ist gar nicht schwer. Ich erzähle diesem wildfremden Menschen alles, was mir durch den Kopf und durchs Gemüt geht, unsortiert und unzensiert. Er hört nur zu. Am Anfang kämpfe ich noch mit diesem stoßweisen Schluchzen, aber das läßt glücklicherweise bald nach. Ich rede und rede. Von meinen Träumen und Sehnsüchten, mit denen ich meine Ehe begonnen habe. Wie ich zu spät gemerkt hatte, daß ich Unmögliches von meinem Mann erwartete, weil ich ihn völlig falsch gesehen habe. Ich hatte mir von ihm ein Bild gemacht, was wir ja bekanntlich nicht tun sollen. Und ich erzähle auch, wie meine Bemühungen, diesen Irrtum gemeinsam zu revidieren, nicht akzeptiert wurden, daß alle Anstrengungen vergeblich waren. Und welche Wunden ich in diesem Kampf davongetragen habe, auch von der letzten, schweren, nicht mehr heilbaren erzähle ich. Mittlerweile sind wir bei Kaffee angekommen. Ich weiß jetzt wenigstens, wie er heißt, daß er studiert und nachts Taxi fährt.

Ich kann diesem Mann alles erzählen, weil er nicht Partei ergreifen muß. Er glaubt mir, daß ich keine Schuld zuweisen will, versteht, wie ich glaube, daß ich mich gleichzeitig schuldig und absolut schuldlos fühle. Daß ich mich rächen wollte und es manchmal immer noch will und mich dafür schäme, und daß es mir dann und wann hilft zu glauben, daß mein Mann und nicht ich schuld an der Entwicklung unserer Beziehung ist. Und ich erzähle diesem Menschen auch, wie groß meine Furcht ist, daß ich meine Berührungsängste nicht mehr verlieren werde – diese jähen Mordgedanken, wenn mich ein Mann, und sei es zufällig, berührt – und daß ich aus dem dumpfen Zustand, dieser watteweichen Empfindungslosigkeit nie mehr aufwachen werde, daß ich nicht mehr zu hoffen wage, einen Menschen zu finden, dem ich noch mal vertrauen kann.

Der arme Kerl. Ich habe ihn mit Worten völlig zugeschüttet. Als er mich dann schließlich wohlbehalten vor meiner Haustür abliefert, habe ich doch ein sehr schlechtes Gewissen. Was hätte er in der letzten Stunde verdienen können. Er läßt sich trotzdem nur zu einem bescheidenen Trinkgeld überreden. Ich bin ein bißchen beschämt, daß ich mir die letzten zehn Minuten genau über diese Frage Gedanken gemacht habe. »Hat er die Uhr weiterlaufen lassen? Was wird das kosten?« Aber wer rechnet denn auch mit so etwas. Das gibt es doch sonst nur im Märchen.

Als ich die Wohnungstür aufschließe, höre ich das Telefon läuten. Es schnarrt unter dem Sofakissen, das ich als Lärmschutz benutze. Franziska. Hab' ich mir schon gedacht. Sie ist völlig aufgelöst.
»Ich versuche schon die ganze Zeit, dich zu erreichen. Wo warst du denn um Gottes willen? Ich hab' mir schon überlegt, ob ich die Polizei anrufe.«
»Mit einem Taxifahrer in einer Kneipe.«
»Mit wem? Wo?«
»Du hast schon richtig gehört«, und ich erzähle ihr in Kurzfassung die Geschichte meiner nächtlichen Beichte. Sie weiß nicht genau, ob sie mich für verrückt halten soll oder einfach für jemanden, der meistens unverschämtes Glück hat.

Dann schleiche ich mich vorsichtig in die Kinderzimmer. Ich könnte schon wieder heulen, diesmal vor Glück, als ich sie alle vier schlafend da liegen sehe. Am liebsten würde ich sie jetzt in die Arme nehmen. Aber damit warte ich lieber noch, bis ich sie für die Schule wecken muß.
Für mich ist die Nacht allerdings vorbei. Ich kann jetzt nicht schlafen. Also gehe ich erst unter die Dusche und koche mir dann einen Kaffee. Ich wundere mich, wie hellwach ich bin. Das kommt in der letzten Zeit häufiger vor. Ich schlafe nur drei oder vier Stunden und bin trotzdem kein bißchen müde. Schon eigenartig. Seit meiner Scheidung stehe ich anscheinend unter Strom, bin energiegeladen, daß es einem angst und bange werden könnte. Schlafen? Wozu? Schlafen kann ich auch noch, wenn ich siebzig bin. Ich will wach sein, alles sehen, alles hören – alles fühlen. Mit letzterem muß ich wohl noch ein bißchen warten, wie ich gerade gemerkt habe.

Am nächsten Abend, die Kinder sind schon im Bett, klingelt es an der Wohnungstür, und als ich aufmache, sehe ich als erstes einen großen Blumenstrauß. Dahinter steckt Hans, mein Tanzpartner, der mich so in die Flucht geschlagen hatte.
»Darf ich reinkommen?«
Ich kann ihn ja schlecht vor der Tür stehenlassen. Ich bin schon verlegen genug.
»Natürlich. Komm rein!«
»Hier, für dich.«
Er streckt mir den Strauß entgegen. Schöne Blumen hat er ausgesucht.
»Also, was ist?«
Ich merke jetzt erst, daß ich immer noch in der Tür stehe und ihm trotz meiner Aufforderung, hereinzukommen, den Zugang zu meiner Wohnung versperre.
»Entschuldigung. Bitte! Danke für die Blumen. Geh schon mal ins Wohnzimmer, die Tür geradeaus. Ich hole nur noch eine Vase.«
In der Küche hole ich erst einmal tief Luft. Was mache ich denn mit dieser Überraschung? Keine Ahnung.

»Entschuldige, daß ich dich so überfalle«, trifft mich seine Stimme im Kreuz. Er steht in der Küchentür. »Aber ich hatte Angst, wenn ich anrufe, legst du gleich wieder auf.«
»Das hätte schon passieren können.«
»Eben. Und ich möchte unbedingt mit dir über gestern abend reden.«
Ich versuche, ihm in möglichst sachlichen Worten mein Verhalten zu erklären, was nicht einfach ist. Ich verstehe mich ja selbst immer noch nicht. Er noch viel weniger.
»Ich begreife deine Panik nicht. Du hättest doch einfach sagen können: Danke, ich will nicht mit dir schlafen.«
»Natürlich hätte ich das sagen können. Aber offensichtlich hast du da einen Nerv getroffen, über dessen Empfindlichkeit ich noch nicht allzuviel weiß. Ich war ja selbst überrascht. Ich denke immer noch über meine Reaktion nach. Auf jeden Fall hat es nichts mit dir zu tun, sondern einzig und allein mit meiner Geschichte. Aber darüber möchte ich mit dir nicht reden.«
»Akzeptiert. Ich werde dich nicht fragen. Ich möchte nur eins gleich klarstellen: Ich will immer noch mit dir schlafen. Deshalb bin ich hier. Du kannst dir Zeit lassen. Ich habe Geduld. Nicht ewig, aber wenn ich was will – na ja. Ich hoffe, ich kann dich überreden, daß wir uns hin und wieder treffen. Es würde mich freuen. Aber... eines mußt du ebenfalls wissen. Ich will nicht dein neuer Ehemann und schon gar nicht der Vater deiner Kinder werden. An die große Liebe glaube ich auch nicht und hüte mich sehr davor, daß ich eines Besseren belehrt werde. Mein Job ist mir wichtiger als alles andere. Ich will, schlicht gesagt, Karriere machen. Und ich werde sie machen. – So, jetzt weißt du alles. Und wenn du dich trotzdem mit mir treffen willst und wir uns ab und zu sehen können, dann könntest du mir nach dieser langen Rede eigentlich endlich mal was zu trinken anbieten.«

Weil wir nun schon mal da sind, bleiben wir gleich in der Küche sitzen. Ich bin ihm sehr dankbar, daß er keinerlei Verführungskünste einsetzt, obwohl das natürlich gerade sein Trick sein kann. Warum auch nicht. Es ist ja ein Spiel mit offenen Karten. Und es wäre gelogen, wenn ich sagen würde, daß mich die Tatsache, daß ein Mann mich begehrt, völlig kalt läßt. Das ist schon ein sehr gutes Gefühl. Es ist Jahre her, daß ich das das letzte Mal gespürt habe.

Um zehn Uhr haben wir beide Hunger. Hans verdonnert mich dazu, auf dem Küchenstuhl sitzen zu bleiben, während er ungeniert sämtliche Schränke öffnet, um aus meinem mageren Vorrat eine Mahlzeit zu »komponieren«. Den Ausdruck benutzt er jedenfalls. Mit Recht, denn kochen kann er auch noch. Es dauert allerdings etwas länger als bei gewöhnlichen Menschen. Aber sein »Omelette surprise« schmeckt wirklich sehr gut. Er hört nicht auf, mich mit Anekdoten aus dem Theater zu unterhalten, während er in der Küche herumwerkelt, muß mir unbedingt zeigen, wie gut er mit Eiern jonglieren kann. Nico, der Hund, hat dann eins vom Boden aufgeleckt. Das war der Beginn einer innigen Freundschaft zwischen beiden.
Das Essen dauert nicht weniger lange. Danach bin ich fast so weit, daß ich ihn umarmen möchte, weil er mir einen so fröhlichen, unbeschwerten Abend beschert hat. Aber das lasse ich wohl doch lieber.

Beim Kaffee ergibt sich plötzlich das Problem, ob er jetzt sofort innerhalb der nächsten fünf Minuten aufsteht und geht, weil er die letzte U-Bahn noch erreichen muß, oder ob ich ihm irgendwo ein Plätzchen zum Schlafen anbieten kann. Ich vertraue ihm mittlerweile so weit, daß ich ihm die Schlafcouch im Wohnzimmer vorschlage. Und dann ist es plötzlich wieder so wie auf dieser Party vor diesem auf mich so verhängnisvoll wirkenden Satz. Ich habe selten in meinem Leben mit einem Menschen so viel gelacht wie mit diesem Hans, der ein Schauspieler ist und gerne große Karriere machen möchte. Er hat es übrigens geschafft.

Jetzt allerdings liegt er in meinem Wohnzimmer und schläft. Ich müßte ihn wecken. Ich muß in die Redaktion, und ich kann ihn schlecht meinen Kindern als Überraschung zum Frühstück servieren.
Doch das mit dem Wecken ist nicht mehr mein Problem. Als ich aus dem Badezimmer komme, sehe ich die Zwillinge, wie sie ins Wohnzimmer schleichen. Ich leise hinterher, lausche an der Tür.

Philip: Guck, da liegt er. Du wolltest es mir ja nicht glauben.
Jan: Was will der hier?
Philip: Weiß nicht. Wahrscheinlich ist er hinter Mami her.
Jan: Meinst du?
Philip: Ist doch klar. Warum wär' der sonst hier.
Jan: Glaubst du, der gefällt ihr?
Philip: Was weiß ich. Gefällt er dir?
Jan: Kann ich schlecht sagen. Man sieht ja nichts. Gucken ja nur die Haare raus.
Philip: Und wenn wir uns ihn ein bißchen näher angucken?
Jan: Das merkt der doch.
Philip: Nö. Wenn er noch schläft, merkt er's nicht.
Jan: Woher willst'n wissen, ob der noch schläft und nicht nur so tut?
Philip: Ich probier's mal. Hallo!

Dieses »Hallo« ist relativ gedämpft. Philip versucht es ein bißchen lauter: »Hallo?!«
Hans zeigt offensichtlich keinerlei Reaktion. Ich schiele durch den Türspalt. Da ziehen die beiden doch tatsächlich dem armen Menschen Stück für Stück die Bettdecke weg.

Jan: Der hat ja gar nichts an.

Das ist denn doch ein bißchen viel. Ich entschließe mich, einzuschreiten, werde aber durch die ruhige Frage des Gegenstandes der Untersuchung aufgehalten:
»Na, habt ihr genug gesehen?«
Meine zwei treten rasch zwei Schritte zurück und sind jetzt doch ziemlich verlegen. Philip geht in die Vorwärtsverteidigung.

»Was machst du überhaupt hier?«
Hans richtet sich auf, entdeckt mich hinter der Tür und grinst:
»Was ich hier mache? Das möchte ich auch gerne wissen. Aber vielleicht fragt ihr mal eure Mutter. Ist das Bad frei?«
Und damit entsteigt er dem Bett und stapft, so wie Gott ihn geschaffen hat, an uns dreien vorbei. Und Nico, der offensichtlich die Nacht am Fußende verbracht hat, trottet hinterher.
»Heiratest du den?« will Jan wissen.
»Nein. Ich glaube nicht.«
»Aber warum hat er dann hier geschlafen?«
Die Zwillinge scheinen wirklich ernsthaft beunruhigt zu sein.
»Der hat hier geschlafen, weil er mich gestern abend besucht hat. Und weil wir uns so lange unterhalten haben, war die U-Bahn weg. Er mußte ja irgendwo schlafen. Ich konnte ihn doch nicht auf die Straße setzen.«
Philip reicht die Erklärung, und er zieht brummelnd ab.
»Du immer mit deinem stundenlangen Gerede.«
Jan zockelt hinterdrein. An der Tür dreht er sich um.
»Kommt der jetzt öfter?«
Das war eine Frage, die ich mir selbst noch nicht beantworten konnte.
»Kann schon sein. Ich rede gern mit ihm.«
»Aber du hast doch uns zum Reden.«
Was soll ich darauf sagen? Ich nehme Jan an der Hand, und wir gehen zusammen das Frühstück machen. Während er die Teller auf den Tisch stellt und die Bestecke daneben legt, schaut er mich ab und zu prüfend von der Seite an. Die kleine Falte auf seiner Stirn zeigt mir, daß er mit dieser für ihn neuen Situation fertig werden muß. Als die Mädchen in die Küche kommen, wird ihnen die Neuigkeit gleich brühwarm verkündet. Katja bekommt ganz schmale Augen.
»Ein Mann. Was will der hier?«

Und als Hans sich schließlich ganz selbstverständlich zu uns an den Tisch setzt, muß er vier inquisitorischen Augenpaaren standhalten. Ich muß sagen, er hält sich sehr gut, schafft es doch tatsächlich, während des Frühstücks drei Viertel des kritischen Publikums auf seine Seite zu ziehen. Den Hund hatte er ja offensichtlich schon in der Nacht becirct. Er ist eben ein guter Schauspieler, hat gelernt, seine Mittel richtig einzusetzen. Und Charme kann man ihm nicht absprechen. Nur Katja bleibt skeptisch. Ich fürchte, sollte je ein Mann ernsthaft daran interessiert sein, uns fünfen, Verzeihung: sechsen – ich darf ja den Hund nicht vergessen – etwas näherzukommen, wird er sich ganz schön anstrengen müssen.

Als ich abends aus der Redaktion komme, sieht es zunächst so aus, als sei niemand zu Hause. Aber dann höre ich Stimmen aus dem Zimmer der Mädchen. Ich bin schamlos genug, mich zur Tür zu schleichen und zu lauschen. Offensichtlich findet ein großer Kriegsrat statt. Thema der Erörterung – wie könnte es anders sein – der »neue Mann« in unserem Haus. Katjas Stimme klingt sehr aufgeregt:
»Also. Sind wir uns einig? Wir wollen keinen neuen Vater. Und wir werden alles tun, das zu verhindern. Versprecht es mir.«
»Aber warte doch erst einmal ab. Vielleicht kommt er ja gar nicht wieder.« Lisa scheint es eher gelassen zu nehmen.
»Der kommt wieder, das weiß ich. – Wir müssen was dagegen unternehmen. Es kommt nicht in Frage, daß Mami den heiratet.«
Jetzt schaltet sich Philip ein:
»Der heiratet sie doch gar nicht.«
»Woher willst du das denn wissen?«
Diesen herablassenden Ton kann Philip bei seiner großen Schwester überhaupt nicht vertragen. Ich kann ihm das nachfühlen, verstehe, daß er sie jetzt anbrüllt:
»Weil wir ihn gefragt haben.«
»Schrei nicht so. Wann habt ihr ihn gefragt?« Offensichtlich glaubt Katja ihm noch immer kein Wort.
»Heute morgen, als er mit uns zum Bus gegangen ist«, unterstützt Jan seinen Bruder. »Philip hat ihn gefragt, ob er Mami heiraten will, und da hat er gesagt: ›Nein.‹ Und da hab' ich ihn gefragt:

›Ganz bestimmt nicht?‹ Und er hat gesagt: ›Ganz bestimmt nicht.‹ Aber, daß er sie sehr gern hat und daß er uns auch gerne näher kennenlernen möchte und uns deshalb öfter besuchen kommen will und daß er hofft, wir haben nichts dagegen, und daß er auch Mami manchmal ohne uns sehen möchte und mit ihr ausgehen will und so, das hat er auch noch gesagt.«
»Siehst du«, triumphiert Lisa, was auch immer sie damit meinen mag. Auch Katja scheint es nicht zu begreifen:
»Was soll das? Was meinst du damit? Gar nichts sehe ich. Daß er ›nein‹ gesagt hat, beweist noch überhaupt nichts. Schließlich hat er gesagt, daß er sie gern hat.«
»Das verstehe ich auch nicht«, unterbricht sie ihr kleinerer Bruder, »wenn er sie gern hat, müßte er sie doch auch heiraten wollen. Das war ja bei Papi auch so.«
»Genau. Der ist eben nicht wie Papi.« Mit dieser unzweifelbar richtigen Feststellung von Lisa scheint die Erörterung dieses Themas erst einmal beendet zu sein. Doch Katja tut in Zukunft alles dafür, um die Gefahr, die ihrer Meinung nach in meiner Freundschaft zu Hans besteht, bei ihren Geschwistern nicht in Vergessenheit geraten zu lassen. Das Klima bleibt zunächst einmal gespannt.

Hans läßt sich jedoch nicht entmutigen, weder durch Katjas schroffe Ablehnung noch durch meine immer noch nicht überwundene Berührungsangst. Fast jeden Tag in der Woche kommt er vorbei, mal nur für fünf Minuten in die Redaktion, oder er lädt sich selbst zum Abendessen ein, wenn er keine Proben und auch keine Vorstellung hat. Wenn er einmal längere Zeit nicht da war, wird er bereits vermißt. »Kommt Hans heute abend nicht zum Essen?« Da hilft auch der strafende Blick von Katja nichts. Die Zwillinge und Lisa beginnen, sich an ihn zu gewöhnen. Ich auch. Wir haben auch schon drei gemeinsame sonntägliche Familienausflüge hinter uns gebracht, die sogar einigermaßen harmonisch abgelaufen sind. Katjas Panzer bekommt Risse. Es fällt ihr zusehends schwerer, seinem geballten Charme, den er natürlich gezielt auf sie ansetzt, zu widerstehen.

Ich weiß nicht, wie oft ich ihn mittlerweile schon umarmt habe, aber zu mehr kann ich mich immer noch nicht entscheiden. Von seiner Seite aus betrachtet, könnte man mein Verhalten als ausgesprochen unfair ansehen. Manchmal frage ich mich, warum ich ihn nicht einfach wegschicke, ihm sage, daß ich ihn nicht länger hinhalten will. Aber meine Anstrengungen in dieser Richtung, zu denen ich mich manchmal verpflichtet fühle, sind nicht sehr erfolgreich.
»Warum gibst du nicht auf? Das kostet dich doch viel zuviel Nerven. Das merke ich doch.«
»Stimmt. Aber ich bin ein sturer Bock. Das solltest du mittlerweile gemerkt haben.«
Wir sitzen auf der Couch, er hat den Arm um mich gelegt, und ich fühle mich sehr wohl in seiner Nähe. Als er mich jetzt küssen will, stehe ich abrupt auf.
»Ich kann dir nicht sagen, ob ich es schaffe, irgendwann mal mit dir zu schlafen. Bitte, halte mich nicht für hysterisch, aber ich kann das nicht, ohne ein gewisses Vertrauen zu dir zu entwickeln.«
»Du wirst – da bin ich ganz sicher. Es wäre nur schön, wenn es nicht mehr allzulange dauerte. Lange halte ich das nicht mehr aus.«

Er mußte dann doch noch ganze zwei Monate warten, bis ich den Mut fand, mich auf ihn einzulassen. Aber auch dann noch brauchte ich sehr viel Kraft. Was mir half, war ein Einfall von Hans. Sehr geschickt von ihm, mich zu überreden, zwei Wochen mit ihm wegzufahren. Er hatte schon alles geregelt, mit Franziska geklärt, daß sie solange bei mir einziehen würde, um die Kinder zu hüten. Die liebten sie sowieso heiß und innig, würden mich kaum vermissen. Das beruhigte mein Gewissen. Er hatte das Reiseziel ausgesucht. Daß er diese Insel als Kalkül in seine taktischen Überlegungen mit einbezogen hatte, war ziemlich sicher. So gut kannte ich ihn mittlerweile schon. Wie auch immer. – Als ich diese Insel zum ersten Mal betrete, weiß ich sofort, das ist der Platz, an dem ich mich wohl fühlen werde. Ich habe mich nicht geirrt. Stromboli ist meine zweite Heimat geworden.

Es passiert seitdem immer wieder, daß mir mitten in einem Gespräch, während der Arbeit, zu allen möglichen und unmöglichen Zeiten plötzlich diese Insel in den Sinn kommt. Es sind meistens nur Bruchstücke: die Straße entlang dem Garten mit den Olivenbäumen und den scharrenden Hühnern; oder ein schwarzvioletter Felsen – kleine Bläschen spucken in seinem porösen Gestein –; ein Tisch unter einem Zitronenbaum; ein Torbogen; eine alte Ruine mit Resten von bunten Kacheln; ein Fenster, halb verdeckt von einem brüchigen Fensterladen. Dann wieder ist es ein Klang, ein Lied, das für mich sehr arabisch klang, das ich jeden Morgen hörte und nie wußte, woher es kam. Und auch der Geruch – von Feigenbäumen, von blühendem Oleander oder von vertrockneten Geranien.

Als das Schiff sich damals der Insel näherte, war es noch dunkel. Wir glitten fast lautlos über ein ungewöhnlich ruhiges Meer. Ich stand an der Reling und merkte, daß Hans mich beobachtete.
»Warum siehst du mich an?«
Er grinst.
»Weiß nicht. Vielleicht will ich den Moment nicht verpassen, an dem du zum ersten Mal die Insel siehst.«
»Noch sehe ich gar nichts.«
»Warte nur ab. Ich sehe sie schon.«
»Wo?«
Ich starre in die sich langsam auflösende Dunkelheit, kann aber in diesem diffusen Grau nichts entdecken. Hans steht hinter mir und legt seine Arme um mich. Es ist schön, seine Wärme im Kreuz zu spüren, sein Gesicht neben meiner Wange. Jetzt zeigt er mit der Hand nach vorn.
»Da, siehst du sie?«
Ja. Jetzt sehe ich es, ganz schwach, ein dunkler Kegel, der sich vom Meeresspiegel abhebt, wie mit dem Lineal gezeichnet. Und plötzlich an seiner Spitze ein glühendroter Schein, der die Wolken über der Bergspitze färbt.
»Der Berg grüßt dich. Schade, daß es wolkig ist, sonst ist das Schauspiel viel eindrucksvoller.«

Für mich ist diese erste Begegnung mit einem tätigen Vulkan schon eindrucksvoll genug. Denn schon wieder leuchtet es am Horizont rot auf, und jetzt kann ich auch die glühenden Lavabrocken erkennen, die der Berg wie eine Fontäne aus sich herausschleudert und die langsam verlöschend den Abhang hinunter ins Meer rollen. Ein faszinierender Anblick. Und plötzlich – ob durch dieses Naturschauspiel ausgelöst oder durch ich weiß nicht was – wird alles so selbstverständlich. Ein ganz kurzer Moment des Einverständnisses, mit mir, der Natur, den Menschen – wie benenne ich das? Es ist zu schnell wieder vorbei, ich kann es nicht konkretisieren. Nur die Gewißheit bleibt, daß es diesen besonderen Moment gegeben hat. Zum ersten Mal in meinem Leben. Ich merke, daß Hans noch immer hinter mir steht. Ich bin froh darüber.
Das diffuse Grau ist mittlerweile einem Fahlblau gewichen. Das Schiff schiebt sich langsam die Küste entlang. Die Motoren werden gedrosselt, die Ankerkette rasselt auf den felsigen Grund. Ich bin sehr neugierig und seltsam aufgeregt. Die Insel sieht in der Morgendämmerung wie eine abgenutzte Kulisse aus, verwaschenes Grau und schmutziges Braun dominieren, dazwischen blasses Grün, und ein paar rotviolette Farbtupfen, Bougainvilleen, glaube ich. Die Häuser auf der Insel sind kantige weiße Würfel, die zwischen dem dunklen Lavagestein aufschimmern.

Unser Haus, das heißt das des Freundes von Hans, liegt direkt am Meer. In der ersten Nacht kann ich nicht schlafen. Ich höre auf das Geräusch der Wellen, dieses watteweiche Schlabbern, mit dem das Wasser das Ufer leckt. Das Fenster steht weit offen, ein Rechteck vor fahlem Licht – ein Geruch nach Wärme, erdig und leicht faulig, wie Tang...
»Träumst du?«
Seine Hand legt sich sanft auf mein Gesicht. Ich küsse die Handfläche und bin ihm sehr nah. Er zieht die Decke ein Stückchen höher, steckt sie sorgfältig um mich herum fest. Er gähnt.
»Schlaf noch ein bißchen. Es ist mitten in der Nacht.«
Ich liege da und rühre mich nicht, bin hellwach die ganze Nacht. Es ist wunderschön. Langsam wird es hell. Ich kann sein schlafen-

des Gesicht neben mir erkennen, wie es sich in den Licht- und Schattenspielen aus Einzelteilen zusammensetzt. Ich fühle so etwas wie Rührung, Zärtlichkeit. Ich schlafe lächelnd ein.

Das Klappern des Fensterladens weckt mich. Das sanfte Geräusch des Meeres hat sich grundlegend verändert. Die Wellen schlagen mit Wucht gegen die Felsen. Durch das Fenster fällt ein breiter Strahl von Sonnenlicht. Wenn ich meinen linken Fuß unter der Bettdecke vorstrecke, treffe ich mit meiner großen Zehe genau in das flirrende Strahlenbündel. Schön warm ist die Sonne.
»Hast du endlich ausgeschlafen?«
Hans steht in der Schlafzimmertür und lacht mich an. Unterm Arm hat er ein herrlich duftendes Weißbrot.
»Wie du siehst, habe ich schon für unser leibliches Wohl vorgesorgt. Falls du dich überwinden könntest, endlich aufzustehen, gibt's Frühstück auf der Terrasse.«

Zuerst muß ich ans Fenster, das Meer sehen, riechen. Das Haus liegt auf einer Klippe. Die Gischt schäumt über die Spitze. Es ist schön hier. Einfach wunderschön. Ich drehe mich zu Hans um, sage es ihm. »Das war ein sehr guter Einfall, hierher zu fahren. Ich danke dir.« Seine Augen halten mich fest. Jetzt erschrecke ich doch. Diesen Blick kenne ich. Aber ich bleibe stehen, lasse zu, daß er näherkommt. Immer noch sieht er mich an. Dann spüre ich seinen Mund. Ich lasse zu, daß er mich berührt. Ich beobachte mich dabei, warte darauf, daß ich ihn schroff zurückstoße, weil dieses mir nur zu bekannte Gefühl der Abwehr mich dazu zwingt. Aber es stellt sich nicht ein. Ich glaube, ich kann mich einen Augenblick lang loslassen. Nur einen kurzen Augenblick vielleicht.
»Laß doch los«, höre ich seine Stimme sehr nahe bei mir. Jetzt erst merke ich, daß ich mit meinen Händen die Fensterbank fest umklammert halte. Ich löse meine Finger ganz langsam. Hans nimmt meine Hände und legt sie um seinen Hals. Jetzt will ich ihn spüren.

Diese beiden Ferienwochen werden zu einer einzigen Liebesgeschichte. Nicht von Hans und mir, dazu waren wir beide zu vorsichtig. Er, damit sich in unsere Beziehung nur ja keine ernsthafteren Gefühle einschleichen, und ich, weil ich ihm nichts dergleichen signalisieren wollte. Unsere Abmachung war klar. Sympathie ja – Liebe auf gar keinen Fall. Diese Spielregeln hatte er ja sofort am ersten Tag unserer Freundschaft aufgestellt, und ich hatte sie akzeptiert. Wir gehen trotzdem sehr liebevoll miteinander um, und ich bin ihm sehr dankbar, wie behutsam er mir hilft, meinen Körper wiederzuentdecken. Aber zwischen uns ist immer eine unsichtbare Trennlinie gezogen, selbst wenn wir uns umarmen.

Die Liebesgeschichte findet zwischen mir und dieser Insel statt. Ich hätte vorher jeden ausgelacht, der mich hätte überzeugen wollen, daß man sich in ein Stück Erde verlieben kann. Wobei verlieben auch nicht das richtige Wort ist. Es ist Liebe, wenn Liebe heißt, daß man sich sehr lebendig fühlt, geborgen, wach wie noch nie zuvor, von einer ungeheuren Neugier auf das Leben geplagt und dieses wunderbare Gefühl kennenlernt, daß einem im Grunde genommen nichts Schlimmes mehr passieren kann.

Ich weiß nicht, welche Tageszeit ich am meisten liebe. Es ist gut, sehr früh aufzustehen, wenn die leichte Kühle der Nacht noch auf der Erde liegt. Die Luft ist frisch, neu – unverbraucht. Der Berg hebt sich klar gegen den Himmel ab. Beim Bäcker riecht es nach frischem Brot und ofenheißer Pizza.
Oder ist es mehr der Mittag mit seiner aufmerksamen Stille, die sich tief in meine Haut eingräbt? Ich möchte ein Erdtier sein, das sich in den schwarzen, heißen Sand einbuddelt. Diese flirrende Hitze, die auf der Erde hockt, mit einem hohen schwirrenden Ton, unterstützt von dem Geschrei der Zikaden. Manchmal kommt vom Berg herunter der Klang einer Querflöte – wie von fern. Man könnte sich einbilden, den Gesang der Sirenen zu hören, die Odysseus in den Abgrund locken wollen. Ich weiß natürlich, daß die Geschichte sie einige Kilometer weiter nordöstlich, in der

Bucht von Salerno, ansiedelt. Aber der berühmte Sagenheld soll auch an Stromboli vorbeigekommen sein, dieser nördlichsten der Äolischen Inseln. Äolus, der Gott der Winde, der den Griechen zur glücklichen Heimkehr eine Stierhaut, mit günstigem Wind gefüllt, mit auf den Weg gab. Nur sie wußten sie nicht zu nutzen. Die Gelehrten sagen auch, daß Hephaistos, Sohn des Zeus und der Hera, der Gott der Schmiede, der Handwerker und des Feuers, tief unten im Ätna seine Esse anheizt. Für mich aber sitzt er ohne Zweifel tief im Vulkankegel des Stromboli, der sich mit zerklüfteter Spitze knapp tausend Meter hoch über dem Meeresspiegel erhebt und in unregelmäßigen Abständen seine Lava- und Gesteinsbrocken aus sich herausstößt.

Hans amüsiert sich über mein gesteigertes Interesse an Homers Odyssee. Soll er nur. Ich habe das Buch hier im Regal entdeckt. Ich hätte in der Schule auch nie gedacht, daß das einmal so eine spannende Lektüre für mich werden sollte. Aber hier liest sich das alles ganz anders. Und man muß sich nur ein kleines bißchen bemühen, dann findet man Unmengen von Hinweisen auf diese Insel. Ich bin auf jeden Fall fest davon überzeugt, daß sich nur hier und nirgendwo anders all die mystischen und mythischen Dinge ereignet haben können, die Odysseus widerfahren sind.

Aber es ist nicht nur die Natur, die plötzlich für mich ein ganz anderes Gesicht bekommen hat. Ich glaube, ich sehe auch die Menschen jetzt mit ganz anderen Augen an. Ich getraue mich kaum, das zu artikulieren. Es wirkt so gewollt, so konstruiert. Aber ich weiß es. Meine Neugierde ist eine andere geworden. Ich kann mich nicht sattsehen, sitze stundenlang auf einem Mäuerchen, schaue in den Himmel, aufs Meer und betrachte die Leute, die vorbeikommen.

Vom Küchenfenster aus kann ich eine kümmerliche Laterne am Ende der Straße sehen. Der Alte kommt immer um die gleiche Zeit um die Ecke. Sein Stock trifft als erstes den Lichtkreis der Laterne, dann kommen sein Fuß, seine Mütze, der Buckel und wieder ein Fuß. Er segelt in den Lichtschein wie ein schwankender Kahn. Dann bleibt er stehen. Er lehnt den Stock gegen den Laternenpfahl, nimmt den Sack von seinem krummen Rücken und stellt ihn auf den Boden. Umständlich löst er die Verschnürung, greift hinein und holt einen grauen zerschlissenen Tabaksbeutel heraus. Es dauert eine Weile, bis er in seiner Manteltasche das Papier gefunden hat. Das legt er vorsichtig auf seine ausgestreckte Hand, streut mit spitzen Fingern die Tabakkrümel drauf, die Zunge fährt an der Klebestelle entlang, und seine hageren Finger liebkosen die dünne weiße Rolle. Wenn er sie anzündet, höre ich ihn leise vor sich hin murmeln. Er nickt einmal kurz zu meinem Fenster herauf. Dann steckt er wieder alles sorgfältig weg, schnürt den Sack zu und verläßt den gelblichweißen Lichtkegel – erst der Stock, dann ein Fuß, die Mütze, der Buckel und wieder ein Fuß. Jeden Abend das gleiche Schauspiel. Ein Abend unter vielen, alle wie einer – für mich jeder ein besonderer, wenn das leise Rauschen im Bambus einsetzt, das Tuckern der Fischerboote, die zum Fischen rausfahren, die Fledermäuse aus der benachbarten Ruine in den Nachthimmel stoßen. – Eine merkwürdige Stille liegt über der Erde, wie ich sie noch nie kennengelernt habe. Dann gibt es wieder Abende, an denen der Wind das Meer hart gegen die Felsen schlägt und jedes andere Geräusch übertönt.

Am nächsten Tag machen wir den Aufstieg zu den Kratern. Der Himmel ist zwar leicht bedeckt, aber die Hitze brütet unvermindert über dem Land. Um die Spitze des Berges hat sich ein wolkiger weißer Mantel gelegt. Es ist vier Uhr am Nachmittag.
»Das wird kein bequemer Spaziergang«, hat mich Hans gewarnt. Aber ich will unbedingt dort hinauf. Wir müssen mit zweieinhalb bis drei Stunden für den Aufstieg rechnen. Im Rucksack gluckert der heiße Tee in der Thermosflasche. Ich sehne mich eher nach einem Schluck Wasser, schön eisgekühlt. Ich sollte jetzt lieber nicht an so etwas denken.

Der Saum der Jacke, die ich mir mit den Ärmeln um die Taille gebunden habe, schlägt leise in meine Kniekehlen. Ich kann mir gar nicht vorstellen, daß ich heute noch mal die Jacke brauche. Aber oben soll es empfindlich kalt sein. Im Augenblick ein sehr

tröstlicher Gedanke, denn schon nach ein paar Minuten kleben mir die Kleider am Leib, und der Schweiß brennt in den Augen, so oft ich mir auch mit dem Taschentuch das Gesicht abwische.
Ich muß immer wieder stehenbleiben, weil es so viel zu sehen gibt. Ich habe noch nie so üppig blühende Ginsterbüsche gesehen, ganz zu schweigen von den vielen Pflanzen, die mir bis heute völlig unbekannt waren. Aber Hans treibt mich an. Schließlich haben wir ja noch ein gutes Stück Weg vor uns. Ich darf nicht zum Berg hinaufschauen. Die Spitze sieht sehr weit entfernt aus, und der schmale Pfad ist sehr steil. Aber ich stolpere den Füßen vor mir hinterher, die ruhig und gleichmäßig das Tempo angeben. Die vereinzelten Feigenbäume geben nicht den geringsten Schatten, stehen nur still in der flirrenden Luft. Sie werden abgelöst von mannshohem Schilf, durch das wir uns unseren Weg bahnen. Hier ist die Luft besonders stickig. Ich huste. Hans dreht sich zu mir um und nickt mir aufmunternd zu.
»Oben am Mäuerchen machen wir Rast. Dann bekommst du einen Schluck Wasser.«
Und dann nur noch Steine und Asche, grau, schwarz, braun. Das Dorf liegt tief unter uns. Das Grollen, das hin und wieder die Stille unterbricht, rückt näher. Der Boden unter den Füßen zittert nach. Das Gehen ist mühsam. Wir tasten uns weiter den Grat entlang. Ich muß mal Luft holen und bleibe stehen.
»Komm noch einen Schritt weiter«, lockt Hans, »der Ausblick lohnt sich.«
Also klettere ich noch ein paar Meter weiter bergauf. Er hat recht. Der Ausblick lohnt sich wirklich. Von hier aus hat man Einblick in die Aschenbahn. Vom Halbrund der Krater, durch klaffende, felsige Wundränder eingerahmt, erstreckt sie sich achthundert Meter weit steil abfallend bis zum Meer. Ein letztes Licht liegt darüber. Nie vorher in meinem Leben habe ich so viele Nuancen zwischen Rostbraun und Schwarz gesehen. Manchmal glitzert der Sand im Dämmerlicht, nur sekundenlang. Dann wühlt der Wind wieder Staub auf, und Schwefeldampf kommt zu uns herüber. Plötzlich wird das dumpfe Grollen um uns stärker, und dann bricht es heraus, der Berg schleudert mit einem scharfen, hellen Knall glü-

hende, kochende Gesteinsmassen gegen die einfallende Nacht, färbt sie rot, und prasselnd fällt diese riesige Fontäne wieder in sich zusammen. Dumpf kollern die Felsbrocken langsam verlöschend den Abhang hinunter, wirbeln Staub auf. Dann ist wieder alles ruhig.

Ich möchte bleiben, darauf warten, daß sich dieses unglaubliche Naturschauspiel mir noch einmal zeigt. Aber Hans will weiter: »Vom Gipfel aus kannst du noch mehr sehen. Komm, es ist nicht mehr weit. Nur noch eine halbe Stunde, dann sind wir oben.«

Die allerdings kommt mir doppelt so lange vor, weil dieses letzte Wegstück durch schwarze Lavaasche führt, die bei jedem Schritt unter meinen Füßen wegrutscht. Aber dann ist es geschafft. Ich stehe auf dem Grat, sehe mich um. So stelle ich mir den Mond vor, Gestein und Sand. Tief unten, ganz weit weg ein paar Lichter vom Dorf und ringsum Meer.

Hinter ein paar lose aufgeschichteten Steinen finden wir Schutz vor dem Wind. Ich kann die Thermosflasche mit meinen klammen Fingern kaum aufschrauben. Und da sitzen wir beide, eng aneinandergelehnt, die Hände um die dampfende Teetasse gelegt, und schauen runter auf die Kraterlandschaft. Dort unten, ungefähr einhundert Meter tiefer als unser Sitzplatz, brodelt es leise in den Kratern. Hin und wieder stößt einer von ihnen mit einem kleinen, dumpfen Geräusch, wie das von einer stehenden Lokomotive, Dampf aus dem Schlund. Dann glüht es wieder rot auf, ansonsten bleibt es still. Die ganze Nacht. Es gibt keinen weiteren Ausbruch mehr. Wir haben Schlafsäcke mitgebracht, krabbeln auch hinein, aber wir schlafen nicht. Wir bleiben nebeneinander sitzen, bis es hell wird. Wir haben in dieser Nacht wenig geredet. Eigentlich überhaupt nichts. Und das war gut so. Ich wollte nichts mehr als diesen Moment und nicht fragen, wie es weitergeht, was dann kommt und was nun wirklich ist zwischen uns beiden. Diese Nacht auf dem Berg war in gewisser Weise herausgehoben aus der Zeit. Etwas Besonderes, Seltenes – wie ein Geschenk.

Und dann zwei Tage später, an unserem letzten Abend auf der Insel, hätte ich ihn beinahe doch gefragt. Ich stehe am Fenster, sehe mein Spiegelbild in der Scheibe und habe die Vorstellung, daß meine Silhouette als Abdruck hier zurückbleibt, der Abdruck meines Körpers, eingefaßt von diesem dunkelblauen Fensterrahmen. Wie sollte ich es nur schaffen, jemals dieses Zimmer zu verlassen. Ich spüre seinen Blick im Rücken, weiß, was kommen wird, wenn ich mich zu ihm umdrehe, zu ihm und dem flachen Keramikgeschirr, das noch auf dem dunkel gebeizten Tisch steht.
»D'où vous vient, disiez-vous, cette tristesse étrange,
Montant comme le mer sur le roc noir et nu?«
Hans kennt, glaube ich, den ganzen Baudelaire auswendig. Leider kann ich kein Französisch, mag es aber sehr, wenn er mir Gedichte auf französisch vorliest.
»Kannst du es mir übersetzen?«
Ich drehe mich nicht zu ihm um.
»Woher kommt dir, sprachst du, diese seltsame Traurigkeit, ansteigend wie das Meer auf schwarzem, nacktem Fels?«
»Das paßt gut. Und wie geht es weiter?«
»Laissez, laissez mon cœur s'enivrer d'un mensonge... und so weiter und so weiter.«
»Und das heißt auf deutsch?«
»Lasse, oh, laß mein Herz an einer Lüge sich berauschen... und so weiter und so weiter.«
Jetzt sehe ich ihn an.
»Lüge? Wieso kommst du auf Lüge?«
Sein Blick ist sehr ernst.
»Du würdest es gerne Liebe nennen, nicht wahr?«
»Ich weiß es nicht. Vielleicht.«
»Nun, warum nicht. Wenn du willst, nenne es so.«
Warum zuckt er jetzt mit den Achseln? Diese gleichgültige Geste tut weh. Und daß es weh tut, überrascht mich.
»Wie würdest du es denn nennen?«
»Ich? Darüber mache ich mir keine Gedanken. Ich hasse es, den Gefühlen immer ein Namensschildchen aufzukleben. Für mich ist der Augenblick wichtig. Und den zu erleben, wie mit dir, das ist

für mich schon was ganz Besonderes. Und das gelingt mir nicht mit jeder Frau.«
»Vielleicht willst du dich nur absichern gegen Trennung, Schmerz und vielleicht sogar Tod.«
»Bestimmt. Wer will das nicht. Du doch auch. – Aber ich wäre froh, wenn wir das Gespräch hier abbrechen könnten. Es ist unser letzter Abend.«
Diese stille, zärtliche Nacht.

Danach gibt es noch einen Morgen. Noch einmal gehe ich die Straße an den Olivenbäumen entlang und hole das frische Brot vom Bäcker. Bei San Bartolo werden die Fliesen geschrubbt. Morgen werde ich nicht mehr in der hinteren Reihe sitzen und zusehen, wie sich die beiden Meßbuben um die einzige Klingel balgen. Ich möchte hineingehen und dem Heiligen mit dem wächsernen Gesicht eine Geranie vor seine Füße legen. Warum tue ich es eigentlich nicht?
Der Alte sitzt auf der Mauer und nickt mir zu. Neben sich auf einem alten Gartentisch hat er das Grammophon gestellt. Sein schwerer Kopf nickt im Takt der Musik. Als er mich sieht, steht er auf und macht eine formvollendete Verbeugung.
»Wollen Sie mit mir tanzen, Signora?«
»Ich fahre heute abend nach Hause.«
»So?« Er sieht mich an. »Sie kommen wieder.«
So einfach ist das. Vielleicht. In diesem Augenblick scheint es das Selbstverständlichste von der Welt zu sein.

Hans bringt mich zum Hafen. Er kann noch zwei Wochen bleiben. Ich will, daß er geht, nicht wartet, bis das Schiff ablegt. Wenn er bloß mein Gesicht nicht so lange festhält. Er streichelt es ganz vorsichtig, dann gibt er mir einen Schlag auf die rechte Schulter.
»Also, wir sehen uns dann daheim. Mach's gut. Und grüß die Kinder.«
Die Kinder. An die hatte ich lange nicht mehr gedacht. Ich sehe ihm nach, wie er weggeht.

Und dann fahre ich wieder die Küste entlang. Es wird schon dunkel. Das Schiff nimmt Fahrt auf, fährt an »unserem« Haus vorbei. Ein einzelnes Licht brennt auf der Mauer. Ist es der Wind, der vom Meer kommt? Plötzlich friere ich.

Katja hat Liebeskummer. Ich könnte diesen Kerl umbringen, auch wenn er im blühenden Lenz seiner dreizehn Jahre sicher etwas Nachsicht verdient hat. Aber daß er fähig ist, das meiner Tochter anzutun, ihr diesen Schmerz zuzufügen, verzeihe ich ihm nicht. Ich wende mich ab, bin scheinbar sehr intensiv damit beschäftigt, das Abendessen herzurichten. Ich kann sie nicht länger ansehen, ertrage den Anblick dieses Kindergesichtes nicht länger, das sich langsam zu verändern beginnt, das mir fremd wird. Die Proportionen verschieben sich, stehen nicht mehr im richtigen Verhältnis zueinander. Sie beginnt erwachsen zu werden.
Wie sie sich bemüht, nicht in Tränen auszubrechen, und mir mit konzentrierter Stimme das Problem ganz sachlich erklären will. Diese Anstrengung, mit der Katja um ihre Fassung ringt, raubt mir meine. Warum nehme ich sie nicht einfach in den Arm? Warum heulen wir beide nicht zusammen? Das wäre das einzig Richtige. Aber bei ihr geht es nicht. Wir versuchen beide, den Schmerz herunterzuspielen. Warum? Wer weiß das? Vielleicht, weil man mir immer gesagt hat, nimm dich nicht so wichtig. Wenn dir was weh tut, schieb es weg. Leiden lohnt sich nicht. Das geht alles vorüber. Ignoriere den Schmerz. Falsch. Völlig falsch. Nur nicht zeigen, daß man dich verletzt hat. Sei stolz. Wieder falsch.
Ich kenne meine Tochter gut. Ich weiß, daß sie nicht nur Schmerz und Trauer, sondern auch Wut darüber verspürt, daß man ihre Gefühle so mißbraucht hat, sie so mißverstanden hat. Aber sie will nicht zeigen, wie sehr sie getroffen ist.
Ich bin, fürchte ich, mit dem Vermitteln der Dinge, die man mir beigebracht hat, sehr erfolgreich gewesen. Es ist noch nicht allzulange her, daß ich gelernt habe, zuzugeben, daß ich schwach bin, daß ich Angst habe. Ich brauchte eine ziemlich lange Zeit, bis ich laut und deutlich sagen konnte: Hör auf, das tut mir weh. Vielleicht, wenn ich früher gelernt hätte, laut zu schreien, vielleicht

wäre dann einiges anders gelaufen. Aber was soll dieses »Vielleicht«. Es bringt nichts, darüber nachzudenken. Ich lernte auch erst sehr spät zu sagen: Ich liebe dich. Aber das ist ein ganz besonderes Kapitel.

Jetzt fühle ich mich auf jeden Fall hundsmiserabel. So hilflos. Was kann ich ihr zum Trost sagen? Bei Lisa würde mir eher etwas einfallen. Sie läßt sich schnell auf ein anderes Thema bringen. Aber nicht Katja. Sie war schon immer ein sehr ernsthaftes Kind, schon als Säugling. Sie hat kaum geschrien, lag nur stundenlang da und schaute einen mit ihren großen dunklen Augen an. Das konnte einen Erwachsenen manchmal sehr in Verlegenheit bringen. Ihr Blick war so konzentriert, die Prüfung so gründlich. Und sie ist sehr beharrlich. So sanft, wie sie ist, so stur ist sie auch. Wenn sie sich einmal für etwas entschieden hat, ist es schier unmöglich, ihr das wieder auszureden. Entsprechend vorsichtig ist sie auch mit der Verteilung ihrer Zuneigung. Nach unserer Scheidung hat sich das sicher noch verstärkt. Wie sehr muß es sie also treffen, daß sie sich »getäuscht« hat.
»Tut es sehr weh?« frage ich dann doch und drehe mich zu ihr um.
Ihr Blick ist abweisend und sagt mir klar und deutlich: Komm ja nicht auf die Idee, mich jetzt in den Arm zu nehmen.
Laut sagt sie:
»Nein. Nicht sehr. – Ich bin nur enttäuscht. – Ich geh' ein bißchen auf mein Zimmer.«
In der Tür dreht sie sich um, fragt beinahe beiläufig:
»Hat Papi sich gemeldet?«
»Nein. Leider noch nicht. Wahrscheinlich ist er unterwegs. Er ruft sicher morgen an.«
Wenn diese Augen doch nicht so inquisitorisch wären. Sie wollen wissen, ob ich nur einen faden Trost vermitteln will oder ob es meine ehrliche Überzeugung ist. Sie läßt die Frage für uns beide offen.
Es geht darum, daß verabredet war, daß die Kinder mit ihrem Vater allein eine Woche lang verreisen. Wenn er es zeitlich ermög-

lichen kann. Er wollte sich melden, hat es aber noch nicht getan. Ich überlege schon seit Tagen, ob ich ihn anrufe, um ihm zu sagen, wie wichtig es ist – Termine hin oder her –, daß er diesen Plan verwirklicht. Besonders für Katja. Sie wartet sehnlichst darauf. Sie sagt es nicht, aber ich spüre es ganz genau. Wie die andern drei das sehen, kann ich gar nicht sagen. Bei Lisa hat man das Gefühl, daß ihr überhaupt nichts fehlt. Sie ist fröhlich, offen, geht sofort auf Menschen zu, auch auf wildfremde. Über das Thema »Vater« spricht sie nur höchst selten, auch nicht, wenn ich versuche, sie zu einer Aussage zu provozieren. Er findet für sie einfach nicht statt. Das ist wohl ihr Versuch, mit dem Verlust fertig zu werden.

Bei Jan und Philip ist es wieder anders. Sie sprechen oft von ihrem Vater, erzählen mir nach Besuchen in allen Einzelheiten, was es Gutes zu essen gab und was sie alles unternommen haben. Und das klingt ganz nach der Schilderung eines durchschnittlich normalen Familienlebens. Es sieht so aus, als gebe es für sie nichts Selbstverständlicheres als die Tatsache, daß sie ihren Vater durchschnittlich einmal im Monat sehen. – Allenfalls. Meistens sind die Abstände zwischen den Besuchen noch größer. – Auf der anderen Seite jedoch versuchen sie auf eine seltsam konzentrierte Weise, Ersatz-Väter zu adoptieren. Das Opfer ihrer Bemühungen ist nicht nur Hans, der sich standhaft weigert, diese Rolle zu übernehmen. Sie blättern selbst in Versandhaus-Katalogen und suchen mir entsprechende Männer aus.
»Guck mal, Mami, würde der dir gefallen?«
Wenn wir eingeladen sind oder – was höchst selten ist – mich einer meiner männlichen Kollegen einmal zu Hause besucht, sind die Frauen, die dabei sind, abgemeldet. Die Zwillinge interessieren sich nur für den Mann. Und sie sammeln Großväter. Sie haben nämlich leider nur einen »echten« Opa, und der wohnt mehrere tausend Kilometer weit weg. Mein Vater ist nach dem Tod meiner Mutter nach Südspanien gezogen. Die Beziehung zwischen uns war nie durch besonders überschwengliche Zuneigung geprägt, und nach meiner Scheidung beschränkten sich die Kontakte auf

das Notwendigste. Er war mit meiner Entscheidung absolut nicht einverstanden. Ja, mehr als das. Er war zutiefst gekränkt, daß ich ihm das antue. Eine geschiedene Frau zur Tochter zu haben ist offensichtlich etwas sehr Ehrenrühriges. Vor einem Jahr hat er wieder geheiratet, und jetzt hören wir kaum noch etwas von ihm. Die Zwillinge kennt er noch nicht einmal. Jan hat mich schon gefragt, ob ich ihn vielleicht nur erfunden hätte? Was mein Sohn mir alles zutraut. Auf jeden Fall haben er und Philip beschlossen, den »großvaterlosen« Zustand zu beenden, denn jede ordentliche Familie habe schließlich sogar zwei davon, und sie haben, ohne ihn überhaupt zu fragen, ob er damit einverstanden ist, den Vater von Franziska zum »Opa ehrenhalber« ernannt. Die Formulierung stammt von Katja und hat den Zwillingen sehr gefallen. Der Arme wird sehr strapaziert, läßt es sich jedoch geduldig gefallen. Aber offensichtlich reicht ihnen das immer noch nicht.

Vorige Woche haben sie mir einen Riesenschrecken eingejagt. Als ich abends aus der Redaktion nach Hause komme, sitzt ein wildfremder Mann an unserem Küchentisch. Die Alkoholfahne und auch sein sonstiges Äußeres lassen klar erkennen, woher er kommt. Von der Straße. Jan und Philip haben die Schätze unseres Kühlschrankes vor ihm ausgebreitet, einschließlich einer Flasche Bier, und reden ihm zu, sich doch zu bedienen. Er ist erschrocken, als ich reinkomme, entschuldigt sich vielmals und will auch gleich wieder gehen.
»Aber die beiden Jungs, Madame, haben nich lockergelassen. Sie haben gemeint, Sie wärn sicher damit einverstanden.«
»Bist du doch auch, gell, Mami?«
»Nein. Das bin ich nicht. Aber darüber sprechen wir gleich.«
»Also nix für ungut – dann geh' ich mal wieder. Danke, Kinder, hat mir gut geschmeckt.«
»Aber wo gehen Sie denn jetzt hin?« wollen die beiden wissen.
»Na ja, wo unsereins so hingeht. Auf die Straße.«
»Bitte, Mami, kann er denn nicht hierbleiben?«
Der Mann hilft mir aus meiner bedrängten Situation.

»Nee, nee. Das geht nun wirklich nicht. Eure Mutter hat genug um die Ohren. Außerdem hab' ich noch was Wichtiges vor. Also nochmals vielen Dank, und macht's gut.«

Ich habe ihn zur Tür gebracht, er hat mir noch mal die Hand geschüttelt und mir versichert, was ich für Prachtkerle als Söhne habe. Kann schon sein. Aber wie sollte ich den Prachtkerlen erklären, daß sie nicht einfach wildfremde Menschen mit in die Wohnung bringen können. Es wurde ein langes, schwieriges Gespräch, und ich glaube, am Ende hielten sie mich doch für einen ziemlichen Unmenschen. Sie verstehen meine Ängste und Sorgen nicht.
»Aber der war doch so nett, Mami, und der hätte uns bestimmt nichts getan.«
Das mag schon sein, der nicht. Aber ich darf gar nicht daran denken, was geschehen wäre, wenn meine Söhne an einen anderen, weniger netten Menschen geraten wären. Wir einigen uns jedenfalls darauf, daß sie hin und wieder einen Obdachlosen zum Essen einladen können, daß das allerdings vorher mit mir abgesprochen sein muß. Und vor allem, daß sie das auf gar keinen Fall ohne mich machen dürfen. Ich hoffe, sie halten sich an die Verabredung.

Mit ausschlaggebend für ihre Aktion war, daß unser Hund, der zwar Nico heißt, aber ein Weibchen ist, ein junges Kätzchen adoptiert hat. Die Jungen hatten es im Wald gefunden und mit nach Hause gebracht. Ein halbverhungertes, struppiges Etwas. Nico hat es liebevoll an die Brust genommen und tatsächlich sogar einige Tröpfchen Muttermilch produziert. Wahrscheinlich habe ich bei dieser Gelegenheit etwas zu ausführlich über unsere Verpflichtung gesprochen, den Verwaisten und Notleidenden zu helfen. Aber da ging es ja auch nur um eine Katze.

Das habe ich jetzt davon, daß ich eine der elementarsten Grundregeln meines Berufes mißachtet habe: Distanz halten, genau beobachten, sachlich und ohne Emotion berichten. Fakten sind gefragt, Fakten. Meine persönliche Meinung oder gar meine Gefühle interessieren niemanden. Das hatte ich vergessen. Einfach vergessen. Deshalb blutet jetzt meine Nase, und mein Kopf tut weh. Das geschieht mir ganz recht. Ich hätte es wissen müssen. Ein Schlagstock ist ein sehr nachdrückliches Argument. Vielleicht wäre es noch schlimmer gekommen, wenn mich unser Fotograf nicht aus dem Getümmel herausgezerrt hätte. Jetzt muß ich mir sein Geschimpfe anhören:
»Bist du denn total verrückt geworden? Du kannst doch als Presse nicht Partei ergreifen. Geht die da mit ihrem Regenschirm auf einen Polizisten los.«
Er hat ja so recht. Das geht nun wirklich nicht. Aber was hätte ich denn sonst tun sollen? Den Ordnungshüter in wohlgesetzten Worten höflich darum ersuchen, diese Frau nicht weiter an den Haaren zu ziehen? Die Zeit für Höflichkeiten war zu diesem Zeitpunkt schon lange vorbei. Die Kontrahenten waren zu einer härteren Gangart übergegangen.

Dabei hatte alles so friedlich angefangen. Die Friedensinitiative, die Grünen, die Frauenverbände und die Atomkraftgegner hatten zu einer Protestdemonstration vor dem Kernkraftwerk aufgerufen. Seit sechs Uhr morgens stand ich im strömenden Regen vor dem Sicherheitskordon, den die Polizei vor der Zufahrt zum Werk gebildet hatte. Hier die Polizisten, ihnen gegenüber im Abstand von ungefähr zehn Metern die Demonstranten. Als ich mit meinem Kollegen, der fotografieren wollte, ankomme, sind schätzungsweise fünfhundert Demonstranten da. Im Laufe des Vormittags bringen Busse weitere Teilnehmer. Einige kommen auch mit ihren eigenen PKWs. Auf einem Lastwagen steht eine Band, die neben Polit-Songs auch Rockmusik spielt. Ein paar Jugendliche tanzen auf der Straße. Die Atmosphäre ist heiter und gelöst, ja, fröhlich. Immer mal wieder geht der Organisator ans Mikrophon und begrüßt eine neu hinzugekommene Gruppe. Aus allen Teilen Deutschlands sind sie angereist.

Um elf Uhr beginnt dann der offizielle Teil. Die Demonstranten werden von den Veranstaltern noch einmal ausdrücklich »herzlich willkommen geheißen«, dann folgen die Reden der Vertreter der verschiedenen Abordnungen. Manches wiederholt sich, vieles ist altbekannt – alle, die hier sind, kennen ja die Problematik. Dieses Atomkraftwerk soll nach dem Willen der Demonstrierenden nicht ans Netz gehen. Die diversen Vorträge werden von der Menge kommentiert, mit spöttischen Bemerkungen angereichert, von denen einige unüberhörbar auf die Polizisten gemünzt sind. Aber im Grunde genommen doch ohne jegliche Aggression.
Die Veranstaltung ist eigentlich schon vorbei, die Menge löst sich schon langsam auf, die Band spielt zum Abschied noch einen Reggae, und ein paar Jugendliche haben quer über die Straße eine swingende Menschenkette gebildet und tanzen auf die Polizisten zu. Ob diese sich nun dadurch bedroht fühlen, oder ob einer der Polizisten wirklich von einem Stein am Kopf getroffen wird, wie man später behauptet... Niemand weiß es. Es geht alles sehr schnell. Plötzlich ist eine heftige, brutale Schlägerei im Gange und ich – mit meinem Regenschirm – mittendrin.

Mein Kollege kann es immer noch nicht fassen.
»Das gibt eine dicke Beschwerde beim Chef. Da kannst du Gift drauf nehmen. – Meine Güte, wisch dir doch mal das Blut aus dem Gesicht. Hast du denn kein Taschentuch?«
Ich schüttle den Kopf. Das sollte ich bei dem Brummschädel wohl lieber lassen.
»Hier, nimm meins.«
Und jetzt wischt er mir doch tatsächlich behutsam wie bei einem Kind das Gesicht ab.

»Was ist denn passiert?«
Meine Kinder sind richtig erschrocken, als ich nach Hause komme. Verständlicherweise, wie ich bei einem Blick in den Flurspiegel erkenne. Die Beule auf meiner Stirn hatte ich noch gar nicht registriert. Aber sie ist wirklich nicht mehr zu übersehen. Über meiner linken Augenbraue leuchtet sie tiefrot, beginnt sich am Rand schon in den schönsten Regenbogenfarben einzufärben.
»Ich hol' dir Eis aus dem Kühlfach.«
Katja ist schon unterwegs. Die Zwillinge führen mich wie einen angeschlagenen Boxer ins Wohnzimmer, betten mich auf die Couch und stopfen mir ein Kissen in den Rücken. Sie wissen nicht so recht, ob sie begeistert oder entsetzt sein sollen. Auf jeden Fall wollen sie haargenau wissen, wie ich zu dieser schönen Beule gekommen bin. Ich versuche – soweit mir das möglich ist –, den Ablauf wahrheitsgetreu zu schildern.
»Aber warum hat dich denn der Polizist geschlagen?«
»Weil Mami ihn mit ihrem Regenschirm verprügelt hat.«
Für Lisa ist die Beweiskette geschlossen. Ich fürchte, bei den Zwillingen genieße ich ab sofort eine ganz besondere Hochachtung. Das sehe ich ihnen an. Erzieherisch wertvoll ist das sicher nicht.
»Wer schlägt, hat immer unrecht. Das hast du doch gesagt.«
»Sicher, Katja, das habe ich gesagt. Und grundsätzlich bin ich noch immer dieser Meinung. Und ich sage auch nicht, daß ich richtig gehandelt habe. Andererseits kann ich euch nicht versprechen, daß es nicht wieder passiert. Denn ich konnte doch nicht einfach zusehen und nichts tun.«
»Genau. Der Polizist hat ja angefangen. Er hat zuerst die Frau an den Haaren gezogen«, verteidigt mich Jan, und Philip nickt zustimmend.
»Gell, Mami, das war Notwehr?«
Ich bemühe mich, die gegensätzlichen Standpunkte der Demonstranten und der Staatsgewalt zu erklären. Schließlich hätten letztere ja einen Auftrag, auf dessen Erfüllung wir alle großen Wert legen, nämlich die Erhaltung des Friedens und der Ordnung. Ich rede lange, um den vieren das komplizierte Geflecht von gesellschaftlichem Zusammenleben zu erklären. Ich bin wohl mit mei-

nem hausgemachten Sozialkundeunterricht nicht sehr erfolgreich. Meine beiden Söhne sind mehr mit der gegenseitigen Beschreibung meiner Beule beschäftigt.
»Jetzt wird sie schon ganz blau.«
»Wo denn? Laß mal sehen.«
Lisa drückt mir das Taschentuch mit den Eisstückchen auf die schmerzende Stelle, und Katja streichelt leise meine Hand. Wo ist der Fachmann, der uns weiterhilft und uns die Welt erklärt?

Das spöttische Grinsen am nächsten Morgen bei der Redaktionskonferenz versuche ich souverän wegzustecken. Der Chefredakteur kann es natürlich nicht lassen, einige Spitzen über mein aufbrausendes Temperament loszulassen, zum größten Amüsement der Runde.
»Seien Sie bitte in Zukunft mit Ihren politischen Äußerungen etwas vorsichtiger, meine Herren. Wir haben, wie sich gezeigt hat, eine äußerst streitbare Kollegin unter uns. Nehmen Sie sich vor ihrem Regenschirm in acht.«
Ich bin das Ziel des fröhlichsten Spotts. Das muß ich eben aushalten. Der allgemeinen Heiterkeit folgt allerdings die ernstzunehmende Verwarnung, sich doch mehr auf die Pflichten einer Journalistin zu besinnen.
»Privat können Sie sich prügeln, soviel Sie wollen. Aber im Dienst halten Sie sich da raus. Habe ich mich klar ausgedrückt?«
Ich entschuldige mich in aller Form, und es fällt mir noch nicht einmal schwer. Wo er recht hat, hat er recht. Ich muß wohl noch viel lernen. Seine nächste Bemerkung dämpft allerdings mein reuiges Büßertum erheblich.
»Es ist Ihnen doch wohl klar, sollten sich aus Ihren Handlungen strafrechtliche Konsequenzen ergeben, haben Sie das einzig und allein als Privatperson zu vertreten.«
Das hätte er sich nun wirklich sparen können. Aber ich bemühe mich in Zukunft sehr, mein aufbrausendes Temperament im Zaum zu halten. Es fällt mir nicht leicht.

Der ganze Vorgang hat glücklicherweise nicht die befürchteten Konsequenzen. Ich werde nicht einmal zu einer polizeilichen Vernehmung vorgeladen. Mein renitentes Verhalten, das ja ohne Zweifel in einen Angriff auf die Staatsgewalt ausartete, fällt offensichtlich unter die Rubrik: »Einige Demonstranten versuchten, Widerstand zu leisten, wie es im Polizeibericht heißt.«

»Lisa ist verschwunden!«
Zuerst erkenne ich die Stimme am anderen Ende der Leitung gar nicht. Es dauert eine Weile, bis ich sie als die meines Ehemannes – falsch: meines ehemaligen Ehemannes – identifiziere. Das Klingeln des Telefons hat mich aus tiefstem Schlaf herausgerissen.
»Hast du gerade gesagt, Lisa ist verschwunden?«
»Ja. Sie ist weg.«
Was redet er da? Ich verstehe überhaupt nichts. Wieso weckt er mich?
»Wie spät ist es denn?«
»Kurz nach zwei.«
»Nachts?«
»Natürlich nachts. Wach auf, Anna!«
Ich bemühe mich ja. Langsam wird mir bewußt, was er da eben gesagt hat. Plötzlich ist mir kalt.
»Was heißt das? Sie ist weg? Wie kann sie denn weg sein? Wieso liegt sie nicht in ihrem Bett? Wieso schläft sie nicht?«
»Wieso? Wieso? Das möchte ich auch gerne wissen. Aber deine Tochter kommt ja auf die merkwürdigsten Ideen.«
»Darf ich dich daran erinnern, daß es auch deine Tochter ist?«
Ich fasse es nicht, da fangen wir in dieser Situation an, in altbekannter Manier zu streiten.
»Was ist denn passiert? Wo kann sie denn bloß sein?«
»Es hilft überhaupt nichts, wenn du mich anschreist.«
Ich habe überhaupt nicht gemerkt, daß ich laut geworden bin.
»Entschuldige bitte, aber ich bin so erschrocken. Ich habe Angst. Sag schon, was ist passiert?«
»Nichts! – Nichts Besonderes. Nichts, was das alles erklären könnte. Die Kinder sind um acht ins Bett. Das heißt, Lisa ist schon um sieben rauf. Wir haben sie nach oben geschickt. Es gab da eine kleine Meinungsverschiedenheit zwischen uns und ihr.«

Ich sollte später vier verschiedene Versionen dieser Meinungsverschiedenheit hören.

»Mit ›uns‹ meinst du deine Frau und dich?«

»Ja.«

»Ja und dann? Hast du nicht nachgesehen, als ihr ins Bett seid, ob sie schläft?«

»Natürlich hab' ich nachgesehen.«

Jetzt schreit er. Das zeigt mir, daß er auch sehr beunruhigt ist.

»Sie hat geschlafen. Jetzt muß ich allerdings annehmen, daß sie nur so getan hat. Wir sind dann ins Bett gegangen, und alles war ruhig. Wir haben geschlafen, bis uns Katja vor zehn Minuten geweckt hat. Sie mußte mal aufs Klo, und dabei hat sie entdeckt, daß Lisa nicht mehr in ihrem Bett ist.«

»Habt ihr denn überall nachgesehen? Wo kann sie denn hingelaufen sein? Das Kind kennt doch in dieser Stadt niemanden. Und Geld hat sie doch auch keins.«

»Doch, Geld hat sie. Ich habe den Kindern heute Taschengeld gegeben. Wir waren auf der Kirmes. Aber ich habe keine Ahnung, wieviel sie davon ausgegeben hat. Doch darüber können wir später reden. Vielleicht versucht sie, auf irgendeine Weise zu dir zu kommen. Ich halte es für ratsam, daß du auch bei dir die Polizei verständigst. Hier habe ich das schon getan.«

»Die Polizei? – Ja, natürlich. Sofort. Da muß ich sie beschreiben. Kannst du mir sagen, was sie anhatte?«

»Nicht hundertprozentig. Sie hat alles mitgenommen, ihre gesamte Kleidung eingepackt. Gestern hatte sie ihre Jeans, den gelben Ringelpulli und ihre Jeansjacke an. Die Sachen hingen gestern abend fein säuberlich über dem Stuhl. Ich hab' mich noch gewundert, das sieht ihr so gar nicht ähnlich. Wahrscheinlich hatte sie ihre Flucht da schon geplant.«

Aber wieso denn? Wieso plant Lisa die Flucht? Und wo ist sie jetzt? Ich merke, wie sich in mir der alte Vorwurf regt, daß sich der Vater nie genügend um seine Kinder gekümmert hat. Schrecklich. Fällt mir nichts Besseres ein?

»Ruf mich bitte sofort an, wenn sie wieder auftaucht. Falls die Polizei hier was rauskriegt, sag' ich dir auch gleich Bescheid.«

»Ja. Danke. Und mach dir nicht zuviel Sorgen. Es wird ihr schon nichts passieren.«
Wen will er damit beruhigen? Sich oder mich?
»Ja. Ja.«
Ich weiß nicht, wie lange ich da gestanden habe, bis mir bewußt wird, daß ich den Hörer noch immer in der Hand halte. Die Polizei anrufen. Welche Nummer? Ruft man da das Revier an oder den Notruf? Egal. Der Notruf ist kürzer. – Besetzt. Mach die Leitung frei. Los! Noch mal.
»Guten Abend. Ich möchte eine Vermißtenmeldung aufgeben... Bitte? – Ach so. Ja, das zuständige Revier... Können Sie mir bitte sagen, welche Telefonnummer das hat? – Einen Moment bitte. – Ich muß mir erst etwas zu schreiben holen.«
Wo habe ich denn einen Stift?
»Ja. Ich bin noch dran. – Jetzt habe ich alles. – Ja, bitte. Ich höre. – Können Sie die Nummer bitte noch mal wiederholen? Ich habe sie nicht verstanden. – Danke. – Ja. Ich habe es notiert.«
Meine Hände zittern so, ich kann kaum wählen. Mein Gott, warum geht denn da keiner ran? Na endlich. Ich rattere die ganze Geschichte runter, muß sie natürlich noch mal wiederholen, langsam zum Mitschreiben. Der hat Nerven. Wie meine Tochter aussieht? Haarfarbe?
»Rot. Ein helleres Rot, eher so wie Karotten, nein, wie Messing. Mehr wie Messing.«
Augenfarbe? Meine Güte, was hat das Kind für Augen?
»Je nachdem. Zwischen Grün und Braun. Wenn sie wütend ist, eher Grün. Wenn sie müde ist, wie Schlamm. Richtig. Wie Schlamm.«
Hoffentlich hat dieser Beamte schon mehr hysterische Mütter am Telefon gehabt, sonst muß er denken, ich hab' sie nicht mehr alle.
Wie groß?
Wann haben wir sie denn das letzte Mal gemessen?
»Tut mir leid. Genau kann ich das nicht sagen. Ungefähr so –« Ich strecke doch tatsächlich meine Hand in Brusthöhe aus. »Entschuldigung, ich meine, ungefähr ein Meter dreißig. – Ja, ich bleibe

selbstverständlich am Telefon. Bitte, rufen Sie mich sofort an, wenn Sie was hören. – Danke. – Ach ja, noch was. Vielleicht ist das wichtig. Ihre Patentante wohnt auf halber Strecke. In Göttingen. Halten Sie es für ratsam, daß ich die dortige Polizei auch verständige? Das erledigen Sie direkt. Danke. – Wie bitte? – Ach so. Ich werde es versuchen. Wiederhören.«
»Bleiben Sie ganz ruhig«, hat er gesagt. Der hat Nerven. Wie denn? Die Schreckensbilder überschlagen sich in meinem Gehirn. Lisa mutterseelenallein nachts in einer fremden Stadt. Was kann da alles passieren. Panik überfällt mich. Ich kann das Warten nicht allein durchstehen. Ich brauche Trost und Hilfe. Franziska ist gleich am Telefon, war noch gar nicht im Bett. Als ich ihre vertraute Stimme höre, ist es mit meiner Fassung vorbei. Ich kann ihr kaum erzählen, was geschehen ist.
»Reg dich nicht so auf, Anna. Sie kommt schon durch. Keine Sorge. Du kennst doch Lisa. Ich bin in fünf Minuten bei dir. Bis gleich.«

Kenne ich meine Tochter wirklich? Sie ist sehr unternehmungslustig, nicht so leicht unterzukriegen. Das stimmt schon. Auch sehr selbständig. Aber sie vergewissert sich immer, ob irgendeine ihr vertraute Person in Reichweite ist. So erfolgreich, wie die Zwillinge im Großvätersammeln sind, so erfolgreich ist Lisa im Ersatzmüttersammeln. Neben Franziska hat sie noch eine Kollegin von mir »adoptiert«. Wenn ich nicht zu Hause bin und sie einen Gesprächspartner braucht, macht sie sich kurz entschlossen auf den Weg. Die beiden werden erst gar nicht lange gefragt, ob ihnen dieser unverhoffte Besuch angenehm ist oder nicht. Ihr gesundes Selbstvertrauen geht davon aus, daß man sich jederzeit freut, sie zu sehen. Was konnte nur vorgefallen sein, daß sie sich entschlossen hatte, mitten in der Nacht heimlich aus dem Haus zu schleichen? In einer Stadt, die sie kaum kennt. Das mußte ein sehr wichtiger Grund sein. Was ging in ihrem Kopf vor? Ich habe keine Ahnung.

Lisa macht immer Theater, wenn die Besuche bei ihrem Vater anstehen. Sie liebt ihren Vater heiß und innig, dessen bin ich mir sicher, auch wenn sie wenig über ihn spricht. Sie bemüht sich rührend darum, seine Zuneigung zu erringen, überrascht ihn oft mit kleinen selbstgemachten Geschenken. Aber seine Frau kann sie nicht ausstehen. Es ist ihr nicht auszureden, daß sie uns den »Papi« weggenommen hat. Ich glaube, sie hat auch ein bißchen Angst vor ihr. Immer wieder habe ich versucht, ihr zu erklären, daß es mein Entschluß war, nicht mehr mit ihrem Vater zusammenzuleben, und daß es unfair ist, seine Frau dafür verantwortlich zu machen. Aber offensichtlich sieht sie das ganz anders und läßt sich von dieser Meinung nicht abbringen.

Die Zwillinge nehmen die Situation eher pragmatisch. Dort werden sie verwöhnt, dürfen groß ausgehen, was sie besonders lieben; »in ganz tolle Lokale«, wie sie mir immer erzählen. Ja, und dann Vaters Auto. Das beeindruckt sie sehr. Alle technischen Raffinessen werden genauestens beschrieben.

»Und wie das aussieht, Mami. Ein richtig toller Schlitten.«

Dagegen ist für sie mein Auto die reinste Klapperkiste und der letzte Schrott.

Und was Katja betrifft, sie wartet immer sehnsüchtig auf diese Wochenendbesuche, kann es gar nicht erwarten, bis sie endlich einmal wieder ihren Vater neben sich hat.

Schon drei Uhr und noch immer kein Lebenszeichen. Wo läuft denn ein Kind mitten in der Nacht hin? Das fällt doch auf, wenn ein zehnjähriges Kind mutterseelenallein durch die Straßen geht. Es muß ihr etwas passiert sein, sonst hätte doch irgend jemand die Polizei verständigt. Es klingelt an der Korridortür. Das ist Franziska.

»Scheiße!« ist ihr erstes Wort. »Immer noch nichts?«

»Nein.«

Auf Zehenspitzen gehen wir ins Wohnzimmer. Alte Gewohnheit, dabei sind die Kinder doch gar nicht da. Franziska läßt sich aufs Sofa fallen, streift – wie üblich – ihre Schuhe ab. Ich setze mich zu ihr, springe aber gleich wieder auf.

»Ich werde noch verrückt. – Diese Warterei macht mich wahnsinnig. Daß man überhaupt nichts tun kann. Wenn ich mir vorstelle, sie irrt irgendwo herum, und ich kann ihr nicht helfen. Und sie paßt nie auf, wenn sie über die Straße geht, guckt nicht nach links noch nach rechts.«
»Nun übertreib nicht. Schließlich ist Lisa kein Baby mehr.«
Nein. Natürlich nicht. Aber andererseits... Was weiß Franziska schon von meiner Tochter. Sicher zum zwanzigsten Mal in der letzten Stunde gehe ich ans Fenster und schaue auf die Straße, als könnte ich mit meinem Blick Lisa herbeizwingen. Franziska kommt mir nach, legt den Arm um mich.
»Nun strapaziere deine Schreckensvisionen nicht zu sehr. Sonst schnappst du noch über, und wem soll das nützen? Ich mach' uns lieber einen Kaffee. Und Hunger hab' ich auch. Gibt es bei dir noch was zu essen?«
Typisch Franziska. In schwierigen Situationen überfällt sie immer ein Heißhunger. Mir dagegen ist der Magen wie zugeschnürt.
»Im Kühlschrank ist noch ein Rest Nudelsalat. Und Käse ist auch noch da. Bedien dich.«
»Und was ist mit dir?«
Wie kann sie mich das jetzt fragen?
»Ich kann doch jetzt nichts essen.«
»Das verstehe ich nicht. Essen beruhigt die Nerven. Aber komm wenigstens mit in die Küche. Ich kann dich doch in deinem Zustand nicht allein lassen.«
Ich stehe im Türrahmen und sehe ihr zu, wie sie den Kühlschrank öffnet, Schubladen herauszieht und sich ihre Mahlzeit herrichtet. Ein sehr absurdes Verhalten, so kommt es mir jedenfalls vor.
»Nun setz dich doch endlich hin. Du machst einen ja ganz nervös.«
Ich gehorche, wenn ich auch nicht weiß, warum.
»Tut mir leid.«
Da hocke ich auf dem Küchenstuhl, und es überkommt mich schon wieder das heulende Elend. Ich habe das Gefühl, es sind schon Stunden vergangen, und immer noch nichts. Das Telefon

klingelt einfach nicht. Meine Panik wächst. Ich muß was tun. Aber was?
»Ob ich die Polizei noch mal anrufe?«
»Wenn's dich beruhigt, ruf an. Aber ich bin sicher, die melden sich, sobald sie was hören. Nimmst du noch einen Kaffee?«
Ich schüttle den Kopf. Meine Nerven flattern schon genug. Plötzlich empört es mich, wie Franziska scheinbar völlig ungerührt den Nudelsalat in sich hineinschaufelt, während ich vor Angst fast wahnsinnig werde. Aber ich sage nichts. Stumm leiere ich all meine alten Kindergebete runter.
Das Telefon klingelt.
Ich bin wie gelähmt. Ich kann nicht aufstehen. Es ist mir unmöglich, ins Wohnzimmer zu gehen und den Hörer abzunehmen. Franziska tut es für mich.
»Ja? – Nein. Ich bin's, Franziska. Wo bist du? Auf der Polizeiwache. Ja? – Das ist ja wunderbar.«
Sie ruft mich:
»Anna! Sie haben Lisa gefunden. Es ist alles in Ordnung. Sie ist gesund und munter. – Es ist dein Ex. Willst du mit ihm reden?«
Ich hab' ihr den Hörer schon aus der Hand gerissen.
»Wo war sie denn? Wer hat sie gefunden? – Wer? – Was? – Ist sie da? Gib sie mir bitte. – Lisa? Was machst du denn für Sachen? Ich habe solche Angst gehabt. – Was ist los? – Wieso ist das ein blöder Taxifahrer?«
Und dann sprudelt meine Tochter ihre ganze Empörung mir ins Ohr. Ich fange an zu lachen. Ich bin so erleichtert, so grenzenlos erleichtert. Lisa ist wütend, ungeheuer wütend. Keine Spur von Tränen oder Verzweiflung. Nein, sie ist nur durch und durch empört.
»Das verstehst du doch, Mami? Das wärst du doch auch gewesen? Und jetzt gehen wir nach Hause, und Papi hat gesagt, daß ich noch nicht ins Bett muß, sondern daß wir erst einmal über alles reden. Und er hat sich schon entschuldigt. Und morgen komm' ich heim. Papi bringt uns mit dem Auto. Ist ja auch sicher besser so. Das heute war ja wohl nichts. – Tschüs. – Küßchen!«

Und um das Kind habe ich mir Sorgen gemacht. Um das Kind muß man sich Sorgen machen. Franziska versteht überhaupt nichts mehr.
»Nun red doch endlich. Mach's doch nicht so spannend.«
Ich umarme sie, küsse sie, lache und heule abwechselnd. Gut, daß noch ein vergessener Pikkolo im Kühlfach liegt. Ich muß auf die Rettung meines Kindes anstoßen. Und dann hocken wir am Küchentisch, und ich erzähle die Abenteuer meiner Tochter.
»Der Anlaß ihrer Flucht war eine lächerliche Kleinigkeit. Ein Joghurt im Kühlschrank, der für das Abendessen gebraucht wurde, war plötzlich nicht mehr da. Wer hatte ihn gegessen? Man beschuldigte Lisa. Sie hat es abgestritten, darauf hat ihr Vater gesagt: ›Lüg mich nicht an.‹ Und seine Frau hat hinzugefügt: ›Sie lügt doch immer.‹
Da ist ihr der Kragen geplatzt. Vor allem wohl, weil ihr Vater zu dieser ungeheuerlichen Beschuldigung nichts gesagt hat. Und du kennst ja Lisa. Wenn sie wütend ist, kocht sie über. Und da hat sie wohl ein paar wenig freundliche Worte über die Frau ihres Vaters fallenlassen. Den Wortlaut wollte sie mir am Telefon nicht wiederholen. Daraufhin wurde sie ins Bett geschickt, und diese himmelschreiende Ungerechtigkeit konnte sie doch nicht einfach so hinnehmen. Also beschloß sie, nach Hause zu fahren. Aber sie hat den Bahnhof nicht gefunden. Und ist herumgeirrt, bis zufällig ein Taxi vorbeikam. Das hat sie angehalten und gesagt: ›Zum Bahnhof, bitte.‹ Aber statt zum Bahnhof hat der Mensch sie zur Polizei gefahren. Deshalb ist sie stinkwütend, hat auch die Fahrt nicht bezahlt, wie sie triumphierend erzählte, denn schließlich ›habe der Taxifahrer ja seinen Auftrag nicht ordnungsgemäß durchgeführt‹. Woher sie das wohl wieder hat?«
Franziska grinst:
»Siehst du, was hab' ich dir gesagt? Lisa kommt nicht so schnell unter die Räder. Aber was hältst du davon, wenn wir jetzt noch ein bißchen schlafen? Ich bin hundemüde. Ich leg' mich in Katjas Bett. Okay?«
Und damit schlurft sie gähnend hinaus und läßt mich allein in der Küche sitzen.

Ich kann noch nicht schlafen. Ich hätte gerne noch ein bißchen mit jemandem geredet. Aber mit wem? Franziska bitten, daß sie noch wach bleibt – das geht nicht. Ich weiß, sie hat morgen früh Probe. Und sie hat schon einige Stunden ihrer Nachtruhe für mich opfern müssen. Meine Großmutter anrufen? Die bekommt den Schreck ihres Lebens, wenn mitten in der Nacht das Telefon klingelt. Hans wecken? Ich würde jetzt gerne seine Stimme hören. Aber ich lasse ihn wohl besser schlafen, belästige ihn nicht mit meinen mütterlichen Kümmernissen. Und ich sehe ihn ja heute abend. Er hat mich zu einem festlichen Abendessen eingeladen. Unser Abschiedsessen. Er geht weg. Er hat es geschafft. Der nächste Schritt ist getan, wieder eine Stufe mehr auf der Karriereleiter erklettert. Er hat ein Engagement an einem Staatstheater bekommen. Nächste Woche zieht er um. Ich will jetzt nicht an ihn denken. Nicht noch mehr Fragen. Nicht noch mehr Probleme. Es ist gut, daß er weggeht. Es ist schlimm, daß er weggeht. Wenn ich an unsere Zeit auf Stromboli denke..., die war schon etwas Besonderes. Das wissen wir beide. Aber wir sprechen nicht darüber. Als er damals von der Insel zurückkam, sind wir sehr behutsam mit uns und unseren Gefühlen umgegangen. Das Gefährliche unserer Situation war uns beiden wohl bewußt. Aber wir hatten eine Absprache. Und keiner war in der Lage, die Spielregeln zu verändern. Also blieb es, was es vor unseren gemeinsamen Ferien gewesen war: ein freundschaftliches, liebevolles Verhältnis auf Distanz. Wir überschritten die Grenze nicht. Jeder blieb auf seinem Territorium und bemühte sich, das Hoheitsgebiet des anderen nicht zu betreten. Hin und wieder gab es Übergriffe, unvorsichtige Äußerungen der Zuneigung oder jähe Ausbrüche von Leidenschaft. Aber auch darüber wurde nie gesprochen. Wir haben uns eine Schutzhaube übergezogen, einen unsichtbaren Panzer. Wir wissen nach diesen gemeinsam verbrachten zwei Wochen, wie gefährlich unser Spiel ist. Ich glaube, ich hätte ihn lieben können, wenn er es mir erlaubt hätte. Sicher bin ich mir aber nicht. Und es gibt Momente, in denen ich das Gefühl habe, es geht ihm genauso. Und dann zieht er sich in sein Schneckengehäuse zurück. Und ich auch. Deshalb ist es gut, daß er weggeht. Diese nie angesprochene Beunruhigung kostet

Kraft. Also – wenn ich es genau betrachte, bin ich wieder ziemlich allein. Von meinen Kindern mal abgesehen. Aber das ist ja was ganz anderes.

Wie weit bin ich denn gekommen, seitdem ich mich von meinem Mann getrennt habe? Vielleicht wäre es an der Zeit, Bilanz zu ziehen? Komisch, daß ich ausgerechnet jetzt auf die Idee komme. Aber warum nicht? An schlafen ist sowieso nicht mehr zu denken. Fange ich doch mal an.
Punkt 1: Im Augenblick fühle ich mich grenzenlos allein. Ich hätte gerne jemanden neben mir, mit dem ich noch etwas über den Schock von heute nacht reden könnte, der mir – ja was denn? – vielleicht übers Haar streicht oder mich in den Arm nimmt oder mir sagt, du hast das bis hierher doch schon sehr gut geschafft – damit nicht nur immer ich mir das sagen muß.
Aber andererseits, und damit sind wir bei Punkt 2: Es geht mir relativ gut. Relativ sehr gut sogar. – Die Mauern sind nicht mehr so hoch – die glatten, ohne Stufen, die ich in meinem Angsttrichter paralysiert angestarrt habe und glaubte, daß ich sie nie würde überwinden können. Jetzt gibt es Augenblicke, in denen ich das Gefühl habe, wenn ich die Hand ausstrecke, kann ich die obere Kante der Mauer erreichen und mich aus dem Loch rausziehen. Das ist ein gutes Gefühl. Das kannte ich vorher nicht. Das ist doch etwas Positives. Der Boden, auf dem ich stehe, ist ein bißchen stabiler geworden. Wenn ich genau darüber nachdenke, fester, als er es jemals war. Ich stelle fest – mit aller Vorsicht –, daß ich allein ganz gut stehen kann. Nicht schlecht, das Ergebnis.

Ich habe die Nase mal wieder gestrichen voll. Für heute reicht's mir. Ich fahre heim. Nichts wie raus hier. Sonst kommt vielleicht noch jemand auf den Gedanken, daß ich nichts zu tun habe und gut noch den einen oder anderen Bericht übernehmen könnte. Das war vielleicht ein Tag. Also entweder bin ich völlig borniert, oder...? Ja, was oder?

Diese Redaktionssitzungen. Warum müssen die immer so endlos sein? Die anstehenden Themen, die täglich besprochen werden müssen, könnte man in der Hälfte der Zeit abhandeln. Aber nein, endloses Gelaber. Immer diese Gockelkämpfe. Für wen bloß? Ich glaube, die Männer brauchen das, zumindest die meisten. Es gibt auch Ausnahmen. Aber die befinden sich zu meinem Unglück nicht unter meinen männlichen Kollegen. Der eine greift noch tiefer in das Anekdotenschatzkästchen als der andere, um diverse vollbrachte Heldentaten und großartige Leistungen ins rechte Licht zu rücken. Dabei kennen wir die Histörchen doch schon alle. Es ist selten von einem neuen, taufrischen Triumph zu berichten. Die Niederlagen werden selbstverständlich verschwiegen. Es sei denn, es handelt sich um die des anderen. Die blumige Rede wird von einem dezenten Lächeln unterstützt, das persönliche Bescheidenheit signalisieren soll. Man schämt sich ja eigentlich, daß man so viel Gutes von sich berichten muß. Aber schließlich handelt es sich um Fakten, und über die muß man ja besonders im Journalismus sprechen.

Der eine Ressortleiter muß dem andern Ressortleiter plastisch vor Augen führen, ihm durch diese persönliche Erfolgsmeldung beweisen, daß er doch eigentlich der viel bessere Ressortleiter ist. Und da kann der Chefredakteur natürlich nicht zurückstehen, vor allem nicht, wenn – wie heute – ein neuer Volontär an der elitären

Runde teilnehmen darf. Dann kommt er unvermeidlich auf sein Lieblingsthema: das journalistische Ethos. Was er da formuliert, ist gar nicht so schlecht, meiner Meinung nach. Ich bin auch dafür, daß ab und zu wieder einmal auf die Verantwortung des einzelnen Journalisten für das, was er schreibt, hingewiesen wird. Aber doch nicht fünfmal im Jahr und nicht immer mit den gleichen Worten und immer mit dem gleichen krönenden Abschluß: die Anekdote aus seinem Leben. Wie er sich geweigert habe, einen Artikel zu schreiben, weil es zu wenig Fakten und zuviel Gerüchte gegeben habe.
»Und:« – und dabei blickt er mit dem zitierten dezenten Lächeln in die Runde – »Ich sollte mit meiner Weigerung recht behalten. Wie hatte mich mein verantwortlicher Redakteur zuvor beschimpft. Und nun? – ›Weiter so, junger Freund, weiter so‹, hat er gesagt und mir freundschaftlich auf die Schulter geklopft.«

Ich frage mich oft, wie ernst jeder von ihnen diese Selbstbeweihräucherung eigentlich nimmt? Sie hätte einen Applaus verdient. Vielleicht tue ich es tatsächlich irgendwann einmal. Die Gesichter möchte ich sehen. Ich habe oft Lust, loszuschreien. Das Bedürfnis dazu ist sehr groß. Ich helfe mir, indem ich in diesem Gremium den Clown spiele. Den Hofnarren vom Dienst. Auf diese Weise kann ich wenigstens das eine oder andere loswerden. Wie wurde heute morgen wieder bemängelt?
»Liebe Frau Kollegin, Ihnen fehlt es an sittlichem Ernst.«
O ja, in diesem spezifischen Fall allerdings. Obwohl – eigentlich ist das ja alles sehr komisch, aber manchmal regt es mich ungeheuer auf. Manchmal kann ich es kaum ertragen. Wie heute morgen zum Beispiel.
Und dann schickt man mich noch zu einem Termin, der überhaupt nicht stattfindet. Das hat sicherlich kein gutes Licht auf das Organisationstalent unserer Zeitung geworfen, als ich im Rathaus umherirrte und verzweifelt versuchte, herauszufinden, wo denn nun diese Sitzung stattfinden sollte. Natürlich dachte ich zuerst, es sei meine Schuld. Ich hätte Tag, Ort und Stunde falsch notiert. Bis ich dann endlich auf ein informiertes Wesen traf, das mir mit hochge-

zogener Augenbraue mitteilte: »Aber wir haben doch schon gestern morgen in Ihrer Redaktion angerufen und gebeten, Ihnen auszurichten, daß die Sitzung um eine Woche verschoben ist.«
Die Redaktionssekretärin hatte schlicht vergessen, es mir zu sagen. Und dafür hetze ich mich ab, stehe auf der Autobahn eine Stunde im Stau. Aber damit noch nicht genug. Kurzfristig wurde mir noch ein Termin reingewürgt. Ein Bericht über ein Thema, von dem ich keine Ahnung habe. – Das liebe ich ganz besonders, wenn ein Artikel sich in allgemeinen, nichtssagenden Floskeln erschöpfen muß, damit niemand merkt, daß man von keinerlei Sachkenntnis angekränkelt ist. Aber ich hatte keine Chance, nein zu sagen. Ich war unglückseligerweise allein in der Redaktion, als der Anruf kam. Es gab in dem Augenblick keine Alternative für mich. Mein bescheidener Versuch, diesen Auftrag abzulehnen, wurde gleich im Keim erstickt:
»Das schaffen Sie doch mit links. Dafür braucht es nur Allgemeinbildung und ein bißchen Intelligenz. Und von beidem besitzen Sie ja reichlich.«
Dieses hinterhältige Kompliment war verständlicherweise nicht dazu angetan, meine Stimmung zu heben. In solchen Momenten hasse ich meinen Beruf.
Und um mein Glück vollkommen zu machen, ruft auch noch der Klassenlehrer von Jan und Philipp an und sagt, daß meine Herren Söhne des öfteren die Schule zu schwänzen pflegen. Na, Mahlzeit. Denen werde ich was erzählen, wenn ich jetzt nach Hause komme. Ich bin gerade gut drauf.

Als ich mit dem Auto um die Ecke biege, höre ich es schon durchs geschlossene Fenster. Ein Lärm, als spielte in unserer Wohnung eine Big Band. Sind die denn völlig verrückt geworden? Wenn ich mir überlege, was das wieder für demütigende Entschuldigungen bei den Hausbewohnern nach sich zieht. Und die Nachbarin auf dem gleichen Flur hat eine direkte Leitung zu meinem Ex-Ehemann, die sie ausgiebig und gerne strapaziert. Gott sei Dank ist er ein vernünftiger Mensch und gibt nicht viel auf das Geschwätz. Aber ich merke, es beschäftigt ihn doch, und meistens folgt eine dezente Anfrage, ob ich denn immer noch der Meinung sei, Beruf und Kindererziehung verantwortlich unter einen Hut bringen zu können. Solche Bemerkungen schätze ich überhaupt nicht. Ich bin da äußerst empfindlich, wenn ich den Verdacht wittere, ich könnte diese beiden Herausforderungen nicht grandios bewältigen. Gepriesen sei mein Schuldgefühl.

Mit dem entsprechenden Schwung rausche ich ins Wohnzimmer. Auf dem Boden rekeln sich außer meinen vier Kindern noch schätzungsweise acht bis zehn weitere hoffnungsvolle Sprößlinge, die, Gott sei's gedankt, andere Eltern zu verantworten haben. Soweit ich das auf die Schnelle beurteilen kann, befindet sich in den Gläsern, die auf dem Boden stehen, nur Cola. Aber es liegt unzweifelhaft Zigarettenrauch in der Luft, auch wenn das Fenster weit offensteht. Mir verschlägt es die Sprache.

Beim Frühstück hatten wir detailliert, wie jeden Morgen, unseren Tagesplan besprochen. Jeder hat seine täglichen Pflichten im Haushalt zu erfüllen, sonst würden wir im Chaos ersticken. Demnach sollte Lisa mit dem Hund eigentlich jetzt beim Tierarzt sein. Nico hat seit zwei Tagen Durchfall, was eine ziemliche Hektik mit sich bringt, da er alle naselang raus will. Doch soweit ich sehe, läßt sich das freundliche Tier gerade mit Erdnüssen füttern und macht dankbar die schönsten Kunststücke. Wie das wohl seiner Verdauung bekommt? Die Zwillinge sollten heute nachmittag ihr Zimmer aufräumen und endlich das Altpapier und die leeren Flaschen zum Container bringen. Katja ist mit der Küche dran und sollte das Abendessen vorbereiten. Aber wie ich das so sehe, ist nichts davon erledigt. Trotz lautstarker Zusicherungen aller vier heute morgen:
»Wird alles gemacht, Mami. Kannst dich drauf verlassen!«

Das sehe ich. Meine Kinder feiern offensichtlich eine Überraschungsparty. Die Überraschung ist geglückt. Obwohl mein Part darin wohl nicht vorgesehen war. Katja bekommt ganz erschreckte Augen.

»Ist es denn schon so spät? Wieso bist du schon da?«
»Das ist ja wohl die Höhe. Wieso? Wenn ich nicht irre, ist das auch mein Zuhause. Da kann ich nach Hause kommen, wann ich will. Was soll das überhaupt hier? Raus! Alle raus! Aber dalli! Wird's bald?«
Ich habe mich selten so schreien hören. Meine Kinder starren mich an, als hätten sie eine Erscheinung. Aber keine positive. Nico fängt an zu bellen, und die Katze macht einen riesigen Satz aufs oberste Brett vom Bücherregal. Ich knalle die Tür zu, rase ins Schlafzimmer, werfe mich aufs Bett und habe nur noch Fluchtgedanken.
Den Koffer packen und abhauen. Weit, weit weg. Schließlich haben die Kinder ja auch noch einen Vater. Soll sich der doch mal zur Abwechslung um sie kümmern. Wieso immer nur ich? Da wird nicht gefragt, wie es mir geht? Da wird ganz selbstverständlich angenommen, daß ich das alles ohne weiteres schaffe. Mit links. Die haben ja keine Ahnung. Ja, ja. Ich weiß. Ich habe es so gewollt. Ich und niemand anders. Ich beklage mich ja auch gar nicht. Vielleicht nur ein bißchen. Aber man darf doch mal den bescheidenen Wunsch nach etwas Unterstützung äußern, die Sehnsucht nach einer starken Schulter, an der man sich ausheulen kann. Da ist nur leider keine in Sicht. Meine »starke Schulter« ist vor zwei Wochen umgezogen und lebt jetzt dreihundert Kilometer weit weg von mir. Doch selbst wenn er hier wäre – an die Schulter könnte ich mich nicht lehnen. Hans ist kein Mann, um sich dran festzuhalten. Er ist nur etwas für Festtage und für den »besonderen Moment«. Wenn einem dieser nicht genügt, hat man eben Pech gehabt.

Heute morgen hat er angerufen, wollte wissen, wie es mir geht und ob er mich an diesem Wochenende besuchen soll. Er hat noch keine Proben. Ich habe nein gesagt. Ich habe mich gerade mühsam daran gewöhnt, daß er nicht mehr da ist, und sein Besuch würde mein seelisches Gleichgewicht empfindlich stören. Ich habe begriffen, wie sehr ich mich an Zärtlichkeiten gewöhnen kann. Aber das Reduzieren auf die Gelegenheiten, wenn es sich gerade mal ergibt, das liegt mir nicht. Also fällt er flach.
Meine Großmutter kann ich nicht schon wieder mit meiner ver-

queren Gemütslage belasten. Es geht ihr gesundheitlich in den letzten Wochen nicht besonders gut. Außerdem habe ich mich lange nicht mehr gemeldet. Ich habe ein schlechtes Gewissen.
Bleibt als Helfer in allen Notlagen Franziska. Aber die ist zur Zeit als Seelentröster auch völlig ungeeignet. Sie ist wieder einmal einem ganz tollen Mann begegnet, der endlich der einzig Richtige ist und das auch für immer und ewig bleiben wird. Sagt sie. Sie hat ihn über eine Heiratsannonce kennengelernt. Hin und wieder überkommt es sie – und zwar mit Macht. Dann hat sie die ganze Schauspielerei gründlich satt.
»Das ist doch kein Leben, was ich da führe. Ich bin doch nur noch eine Marionette. Es wird nur noch über meinem Kopf hinweg bestimmt. Den Regisseur, der sich um dich als Mensch kümmert, dich als Künstler fördert – den kannst du mit der Lupe suchen. Da gibt es vielleicht unter tausend einen. Alle anderen vergewaltigen dich doch nur. Schluß! Schluß! Ich will ein ganz normales Leben führen: einen Mann für mich allein, Kinder – mindestens drei... und das ganze Theater kann mich mal.«
Und in solchen Phasen beginnt sie, Heiratsannoncen zu studieren, mit einer Leidenschaft, als ginge es um ihr Leben. Was ja wohl auch stimmt. Und dann geht sie zu jedem Rendezvous mit der Erwartung, daß der Mann aller Männer gleich auf sie zukommt. Meistens erlebt sie herbe Enttäuschungen, aber sie hat es immer geschafft, wenigstens den einen oder anderen in ihrer Phantasie ihrem Ideal anzunähern. Dann macht sie Pläne. Unsere Sonntagsspaziergänge haben in dieser Zeit ausschließlich ein Ziel: Neubaugebiete. Sie klettert in Rohbauten herum, kauft Bauzeitschriften, Broschüren über Kinderernährung, Kochbücher, bis ihr irgendein »Vergewaltiger« – sprich: Regisseur – eine Rolle anbietet, die sie reizt. Dann stellt sie sehr schnell fest, daß sie sich leider doch wohl nicht zur Hausfrau und Mutter eignet und daß man den armen Mann nicht mit so einer Ehefrau, wie sie eine sein würde, belasten könne. Sie hat hinterher immer das gute Gefühl, durch ihren Verzicht auf eine Heirat eine wahrhaft humane Tat vollbracht zu haben. Bewundernswert.

Doch seit gestern ist nun wieder die Ehe das einzig Wahre. Und diesmal ist es wirklich der Richtige. Ganz bestimmt.
»Das habe ich im Gefühl. Du hast keine Ahnung, wie glücklich ich bin.«
In aller Herrgottsfrühe hat sie mich schon angerufen, um mir ihr nächtliches Erlebnis zu erzählen. Dieser Mann, dem sie auf seine Anzeige nur wortlos ihre Telefonnummer und ihr Foto geschickt hatte, rief sie abends um zehn an. Sie haben dann eine Stunde lang miteinander geredet und festgestellt, daß sie sich unbedingt, und zwar sofort persönlich kennenlernen müssen. Also ist Franziska in ihr Auto gestiegen und einhundertfünfzig Kilometer weit zu einem ihr vollkommen fremden Menschen gefahren. Und der ist es nun. Der einzig Wahre. Ganz bestimmt und ohne jeden Zweifel.
Ich aber verspüre nicht die geringste Lust, mir ihre Begeisterung anzuhören. Vor allem nicht in meiner momentanen seelischen Verfassung. Das ist ein zu gefährliches Thema. Denn es passiert schon hin und wieder, daß mich wider besseres Wissen auch diese Sehnsucht nach dem normalen Leben überfällt. Meistens, wenn ich abends in irgendwelche erleuchteten Wohnungen schaue. Von außen sieht das alles so heimelig, so geborgen aus. Dann werde ich neidisch.

Über diesen Traumbildern bin ich wohl eingeschlafen. Die vorsichtige Frage von Katja: »Hast du Hunger? Ich hab' Spaghetti Bolognese gemacht« weckt mich. Eigentlich will ich nur schlafen. Schlafen. Schlafen. Mindestens drei Tage lang. Aber wenn das Kind doch extra gekocht hat.

Das Abendessen ist anfänglich sehr ungemütlich. Keiner sagt etwas. Ich halte das zwar sehr schlecht aus, aber diesmal will ich nicht die erste sein, die einlenkt. Katja überwindet sich:
»Es tut uns wirklich sehr leid, Mami.«
»Wirklich«, versichert Lisa, erleichtert, daß dieses unerträgliche Schweigen gebrochen ist, und Jan und Philip bestätigen die Aussagen ihrer Schwestern.
»Ganz wirklich. Echt!«

Ich schaue sie mir in aller Ruhe an. Diese unschuldigen Gesichter.
»So? Das ist schön, daß es euch leid tut. Aber was heißt das? Das ist ja wohl noch nicht alles.«
Jan denkt nach:
»Willst du, daß wir das nie wieder tun?«
»Ja. An ein ähnliches Versprechen habe ich gedacht.«
»Aber, Mami, das kann doch nicht dein Ernst sein. Ich bin fast dreizehn.«
Mit welcher Empörung sie das sagt.
»Das heißt also, Katja, du möchtest hin und wieder deine Freunde einladen. Vielleicht so etwas wie eine richtige Party geben.«
»Ja. Natürlich.«
»Was ist eine richtige Party?«
Man sieht Philip an, daß ihn diese Frage sehr beschäftigt. Aber niemand antwortet ihm. Ich versuche das wirkliche Problem zu artikulieren.
»Es geht nicht darum, daß du oder einer deiner Geschwister keine Freunde einladen dürft, um mit ihnen eine Party zu feiern. Nur das muß vorher abgesprochen sein. Und ich will im Haus sein. Ist das klar? Sonst geht das nicht. – Und was meinen speziellen Ärger von heute betrifft, so hat der einzig und allein damit zu tun, daß ihr unsere Verabredung nicht eingehalten habt. Und das geht nicht. Ich muß mich auf euch verlassen können. Wir müssen uns gegenseitig aufeinander verlassen können. Und ich erwarte von euch, daß ihr das begreift. Alt genug dafür seid ihr.«
Meine Rede ist zu Ende. Sie haben wohl gemerkt, wie ernst es mir ist. Sie schauen betreten auf ihre Teller. Diesmal ist es Lisa, die die Initiative ergreift.
»Also«, und sie schaut reihum ihre Geschwister an, »wer sagt was? Also – ich...«, dann sieht sie mir offen ins Gesicht: »Wir versprechen es dir, Mama. Ehrenwort.«
Die anderen nicken, und ich glaube ihnen. Was bleibt mir anderes übrig? Und dann hängen sie mir alle vier am Hals.
»Bist du jetzt nicht mehr böse? Bitte, bitte, sei nicht mehr böse.«
Wie kann ich? Ich bin ja schließlich kein Unmensch.

Nein. Das geht wirklich nicht. Das Kleid kann ich nicht verantworten. Das Dekolleté ist viel zu gewagt. Diese wortlose Aufforderung wäre zu deutlich. Also ziehe ich es wieder aus, werfe es zu den andern auf das Bett. Schade, denn eigentlich habe ich mir darin ganz gut gefallen. Ratlos starre ich in meinen offenen Kleiderschrank. Vielleicht ziehe ich doch eine Hose an? Es müssen ja nicht die Jeans sein. Darin sieht er mich schließlich jeden Tag. Irgendwo habe ich doch noch eine weiße Wollhose? Die habe ich lange nicht mehr angehabt. Die kann er nicht kennen. »Eierschale! Das trägt man jetzt!« Ob das die Verkäuferin heute auch noch sagen würde? Aber welcher vernünftige Mensch unterwirft sich schon einem Modediktat. Ich doch nicht. Lüge. – Aber leider – ebenfalls Fehlanzeige. Die Hose paßt mir nicht mehr. Sie kneift. Die ist viel zu eng am Bund. Meine Oberschenkel waren auch schon schlanker. Mit diesem Problem stehe ich allerdings nicht allein da. Wenn ich unsern Hund betrachte, der wird auch zu dick.
»Ja, dich meine ich. Wir müssen was für uns tun, Dicker.«
Nico guckt nicht mal. Hat alle viere von sich gestreckt und döst vor sich hin.
»Du brauchst gar nicht so desinteressiert zu tun. Ein Auge könntest du ruhig riskieren oder mir wenigstens ein freundliches Schwanzwedeln gönnen. Schließlich liegst du auf meinem Bett. Und du weißt genau, das ist verboten.«
Jetzt wackelt er wenigstens mit dem linken Ohr. – Also was jetzt? Die weiße Hose war meine letzte Chance. Es muß doch möglich sein, daß ich was zum Anziehen finde. Es ist nicht zu fassen, eine gestandene Frau und benimmt sich wie ein Teeny. Unauffällig und dezent im dunkelblauen Rock, das ist wohl das beste. Aber natürlich, der ist in der Reinigung. Es hat sich aber auch alles gegen mich verschworen.

Langsam öffnet sich meine Zimmertür. Jan und Philip wollen wissen, wo ich so lange bleibe.
»Was machst du da?«
»Seht ihr doch. Ich zieh' mich an.«
»Dürfen wir zuschauen?«
Und damit sitzen sie schon auf meinem Bett, schieben die Kleider achtlos zur Seite, nehmen Nico in die Mitte und kraulen beide sein Fell. Der hat's gut. Sie machen mich nervös, wie sie dasitzen und mich beobachten.
»Habt ihr nichts Besseres zu tun?«
Sie schütteln die Köpfe. Ich sehe sie im Spiegel dasitzen, brav nebeneinander. Dem einen fällt eine rote, dem anderen eine blonde Strähne in die Stirn. Eine jähe Welle von Zärtlichkeit trifft mich. Ich muß sie küssen. Da knie ich vor ihnen, habe links und rechts so ein dünnes Knochengestell im Arm, das verlegen den Ausbruch meiner mütterlichen Zuneigung abwehrt. Nur der Hund erwidert meine Gefühle und leckt mir das Gesicht.
»Was hast du denn? Was soll denn das? Was ist denn los?«
Es klingt wie ein Chor.
»Nichts. Ich wollte euch bloß mal einen Kuß geben. Das ist alles.«
Und damit wende ich mich wieder meinem Problem zu. Die zwei gucken sich an. »Weiber!« steht in ihrem Blick.
Ich fasse einen Entschluß. Ein Hemdblusenkleid ist doch immer richtig. Vor allem das graue mit den schmalen weißen Streifen. Das verleiht mir einen Hauch von Unnahbarkeit. Gut. Sehr gut sogar. Fachmännisch begutachten die Zwillinge das Ergebnis meiner langen Überlegungen.
»Willst du dem Typ gefallen?« fragt Jan.
Werde ich etwa rot? Aber warum lügen.
»Ja. Will ich.«
»Dann zieh das hier an«, und er zerrt unter dem Kleiderhaufen auf dem Bett das Kleid mit dem gewagten Dekolleté hervor.
»Das rote? Meinst du wirklich?«
»Ja. Du doch auch, Philip?«
»Hm.« Das klingt nicht so sehr überzeugt.

Aber ich folge dem Rat meines Sohnes. Der prüfende Blick in den Spiegel beweist es. Ohne Zweifel hat Jan recht. Das Kleid steht mir sehr gut. Ich fühle mich wohl darin.
»Na, besser so?«
Ich drehe mich zu den beiden um, werde fachmännisch begutachtet.
»Ja. Viel besser.«
Jan ist sichtlich zufrieden.
»Du bist eine schöne Frau«, sagt Philip.
»Danke für das Kompliment.«
»Und du riechst so gut.«
Von unten schreit Katja:
»Ist jemand zu Hause?«
»Wir sind hier und ziehen die Mama an«, kommt es aus beiden Kehlen.
»Was?«
Ich höre, wie meine Älteste zwei Stufen auf einmal nimmt.
»Wie siehst du denn aus?« ist das erste, was sie von sich gibt, als sie mich sieht. »Meinst du nicht, das Dekolleté ist ein bißchen gewagt?«
Für eine Zwölfjährige hat sie ganz schön konservative Ansichten.

Peter heißt der Mann, der mir diese Kleiderprobleme verschafft, ein Kollege von der Politik. Er hat mich für heute abend zum Essen eingeladen. Vor zwei Tagen erst hatten wir uns das erste Mal länger miteinander unterhalten, auf einer Geburtstagsfeier einer Kollegin in der Redaktion.
Wir hatten uns während all der Zeit, die ich schon bei der Zeitung bin, des öfteren auf dem Gang getroffen, was beinahe zwangsläufig ist, denn die Politik sitzt direkt vis-à-vis vom Lokalen. Ein freundliches »Guten Tag« im Aufzug oder ein »Guten Appetit« im Vorbeigehn in der Kantine. Mehr war bisher nicht. Er ist mir auch nie besonders aufgefallen. Eben bis zu diesem Abend.
Er sitzt mir gegenüber am Tisch, ich sehe seine Hände, und plötzlich begehre ich ihn, begehre ihn mit einer bis dahin nie gekannten

Intensität. Es überfällt mich schlagartig. Ohne jede Vorwarnung. Ich habe das Gefühl, ich glühe wie ein Kanonenofen. Ihn jetzt nur nicht ansehen. Er merkt sonst sofort, was mit mir los ist. Ich will ihn anfassen. Jetzt. Sofort. Ich will, daß er mich berührt. Statt dessen unterhalte ich mich mit meinem Nachbarn zur Linken über den nächsten Urlaub. Hoffentlich rede ich nicht zuviel dummes Zeug, denn mit meinen Gedanken bin ich ganz woanders.

Wieso hatte ich dieses Gefühl bislang noch nicht kennengelernt? Wieso überfällt es mich jetzt? Eine erwachsene Frau, Mitte Dreißig, Mutter von vier Kindern. Ich bin irritiert. Und ganz und gar nur auf das eine konzentriert. Mein Gott, wie unrecht habe ich all meinen Liebhabern getan, meinen Mann eingeschlossen. Ich hatte mich immer nur begehren lassen, was ja sehr angenehm ist, aber, wie ich jetzt erst begreife, nie selbst einen Mann begehrt. Ich kenne also nur die Hälfte dessen, was zwischen zwei Menschen möglich ist. Unglaublich. Aber keiner hat mir gesagt, daß es dieses Gefühl überhaupt gibt. Wer auch? Meine streng katholische Mutter wäre ja wohl kaum dazu in der Lage gewesen. In meinem Elternhaus wurde das Thema Sexualität ganz und gar ausgeklammert. Glücklicherweise nicht auch die Zärtlichkeit. Die war spontan und immer spürbar. Ich weiß nicht, was sonst aus mir geworden wäre.
In meine Gedanken hinein spüre ich seinen Blick. Wir lächeln uns über den Tisch hinweg an. Nur ein kurzes, knappes Lächeln, und jeder wendet sich wieder seinem Gesprächspartner zu.

Kein Wunder also, daß ich diesem ersten Abend zu zweit mit einer gewissen Nervosität entgegensehe. Warum hat er mich eingeladen? Hatte er doch registriert, was mit mir los war? Bei diesem kurzen Austausch unseres Lächelns lag so etwas in seinen Augenwinkeln... Vielleicht habe ich mir das aber auch nur eingebildet.
Er hat sich nichts anmerken lassen, als wir später allein noch bei einem Glas Wein zusammensaßen. Das Gespräch war und blieb den ganzen Abend freundschaftlich kollegial. Er hat sich nach meinen Kindern erkundigt, wie mir der Job gefalle. Ja, und dann

sagte er ziemlich unvermittelt, daß wir unbedingt einmal etwas länger und in aller Ruhe miteinander reden sollten.
»Wie wär's denn mit übermorgen? Sind Sie da frei?«
Spätestens da muß er etwas gemerkt haben. Ich habe auch nicht den Bruchteil einer Sekunde gezögert, um ja zu sagen.

Deshalb ärgert mich die Bemerkung von Katja. Mir liegt eine schroffe Abwehr auf der Zunge, die aber durch das Erscheinen von Lisa glücklicherweise verhindert wird. Lisa, wie immer mit drekkigen Knien und mindestens drei oder vier Schrammen an ihren Gliedmaßen, stößt einen anerkennenden schrillen Pfiff aus.
»Wouw!« sagt sie. »Du gehst aber ran.«
Ich muß schon sagen, die Klugheit meiner Kinder ist beängstigend. Wir kennen uns eben zu gut. Da kann man nichts vertuschen.
»Aber, Lisa. Mach Mami doch nicht so verlegen.« Katjas Stimme ist ein bißchen spitzer als sonst. Für einen Augenblick ist nichts Kindliches mehr in ihrem Gesicht. Ich entschließe mich, mir davon die Stimmung nicht verderben zu lassen.
»Also, dann geh' ich mal. Und ihr beiden ab unter die Dusche und dann ins Bett. Und setzt nicht wieder das ganze Badezimmer unter Wasser. Ist das klar? Lisa und Katja dürfen eine Stunde länger aufbleiben. Im Tiefkühlfach liegt noch Vanilleeis. Das könnt ihr euch nehmen, wenn ihr wollt. Himbeeren sind auch noch da. Die müßtet ihr aber heiß machen. Und wie man Sahne schlägt, wißt ihr ja auch. Aber räumt bitte wieder alles weg. Nicht daß ich heute nacht wieder in eine Küche komme, in der alles total verklebt ist. Und heute abend wird nicht mehr ferngesehen. Ihr müßt alle morgen sehr früh raus...«

Ich hätte mit meinen mütterlichen Ratschlägen sicher noch einige Seiten füllen können, wenn mich nicht das mitleidige Grinsen meiner vier aus dem Haus getrieben hätte. Ich hatte mir im letzten Jahr abgewöhnt, darüber nachzudenken, ob sie meine Ermahnungen ernst nehmen oder nicht. Aber von meiner Seite aus wollte ich zumindest nichts unversucht lassen.

»Laß das! Das kitzelt.«
Aber er lacht bloß und versucht es in der Kniekehle.
»Hör auf! Das ist ja noch schlimmer.«
Lieber Gott, fühl' ich mich wohl. Tage-, nächtelang könnte ich so liegenbleiben, mit meinen Fingerspitzen auf seiner glatten Haut und seinen Händen auf meinem Körper, den ich nicht wiedererkenne.
»Wie kann man nur so gierig sein«, lacht er.
Sein Kopf liegt an meiner Schulter.
»Merkt man es sehr?«
Ich schäme mich nicht ein bißchen.
»Und wie. Das ist ja das Schöne. Ich habe es sofort gemerkt. Du hast mich an diesem Abend plötzlich ganz anders angesehen.«
»Hat es dich überrascht?«
»Hm, mal nachdenken« – kleine kurze Küsse in meine Halsgrube –, »doch. Sehr. Ich hatte das von dir nicht erwartet.«
»Ich auch nicht.«

Ob es nun das Dekolleté war oder mein unwiderstehlicher Charme, oder ob er mein eindeutiges Angebot einfach nicht ausschlagen wollte – im Moment will ich gar nicht wissen, warum er mich gefragt hat, ob ich mit ihm nach Hause gehe, wieso ich hier in seinem Bett liege. Es ist gut, richtig und notwendig. Und ich fühle mich, wie ich mich noch nie gefühlt habe. Über alles andere will ich später nachdenken. Es interessiert mich auch im Augenblick nicht, ob es vielleicht eine Zukunft für dieses Gefühl geben könnte, ein Morgen oder Übermorgen für uns beide.

Aber jetzt muß ich mich erst einmal, obwohl ich gar nicht will, aus dieser zärtlichen Umklammerung, diesem Wohlbehagen und der Wärme lösen, mich wieder auf mich selbst und mein anderes Leben besinnen. Es fällt mir sehr schwer. Aber ich muß heim. Es ist höchste Zeit. Ich müßte schon längst zu Hause sein. Hoffentlich sind die Kinder noch nicht aufgewacht. Eigentlich müßte ich Gewissensbisse haben, daß ich mir bis jetzt keine Sorgen um sie gemacht habe. Schließlich habe ich heute nacht überhaupt nicht an sie gedacht. Ich habe aber kein schlechtes Gewissen, nur ein ganz kleines, das tief in meiner Seele vergraben ist.

Als ich ins Auto steige, muß ich feststellen, daß es schon hell wird. Am Horizont schimmert es rötlich. Jetzt beschleicht mich doch ein leicht verlegenes Schuldgefühl. Das verstärkt sich, als ich in unseren Hof einfahre und hinter meinem Schlafzimmerfenster drei Kindergesichter entdecke. Philip fehlt. Der liegt mit Fieber in meinem Bett. Seine Geschwister sitzen auf der Bettkante und sehen mich an, als ich ins Zimmer komme.

»Gestern abend hat es plötzlich angefangen«, sagt Katja. »Ich hab' ihm Wadenwickel gemacht. Das hat geholfen.«
Ihr Blick ist vorwurfsvoll, mein Hochgefühl plötzlich verflogen. Jan klammert sich an mich, und ich sehe an den Dreckspuren in seinem Gesicht, daß er geweint hat. Unter der Dusche war er am Abend natürlich nicht.
»Wo warst du denn so lange?«
»Wir haben solche Angst gehabt, daß du nicht wiederkommst.«
Philips Stirn fühlt sich sehr heiß an. Er ist blaß und hat tiefe Ringe unter den Augen.
Auch Lisas Blick zeigt mir, daß sie im Moment mit ihrer Mutter ganz und gar nicht einverstanden ist.
»Wir konnten dich ja auch nicht anrufen. Du hast ja keine Telefonnummer dagelassen. Ihr wart doch nicht so lange essen?«
Wie soll ich einem elf- und einem zwölfjährigen Mädchen und zwei Jungen, die nächsten Monat neun Jahre alt werden, erklären, warum ich jetzt erst nach Hause komme? Muß ich es überhaupt erklären? Ich habe nicht die geringste Lust, mich vor meinen Kindern zu rechtfertigen. Ich tue es trotzdem. Es hilft auch mir.
»Es war sehr schön. Und ich wollte nicht, daß es so schnell vorbei-

geht. Ich habe gehofft, daß ihr tief und fest schlaft. Ich wollte auf jeden Fall wieder zu Hause sein, bevor ihr aufwacht. Es tut mir leid, wenn ihr euch Sorgen gemacht habt. Aber ihr müßt keine Angst haben. Ich komme immer wieder. Ganz bestimmt.«
»Und wenn dir was passiert? Mit dem Auto oder so?«
Jan sitzt wie ein Baby auf meinem Schoß, hält mich mit seinen Armen fest.
»Ja. – Das wäre sicher sehr schlimm. Aber ich verspreche euch, ich fahre immer ganz vorsichtig und passe immer gut auf. – So, aber jetzt gehst du in die Badewanne. So dreckig kannst du nicht in die Schule gehen. Und ich mache uns allen ein wunderschönes Frühstück.«

Meine beiden Töchter werfen mir noch einen sehr mißtrauischen Blick zu und verschwinden in ihrem Zimmer. Dieser Vorfall beschäftigt sie sehr, das sehe ich ihnen an. Auf dem Weg zur Küche komme ich an dem großen Spiegel im Flur vorbei. Ich prüfe kritisch mein Gesicht. Wie sehe ich aus? Habe ich mich verändert? Was hat sich verändert? Wird sich irgend etwas verändern? Warten wir's ab.

Ich streiche die Butter besonders liebevoll auf die Schulbrote, lege jedem noch einen Riegel Schokolade dazu. Wie schade, daß dieses wunderbare Erlebnis so endet. Meine Großmutter, der ich diese Nacht lieber nicht beichte, hätte es sicher wieder einmal genau auf den Punkt gebracht:
»Das ist die gerechte Strafe für dein unmoralisches Tun.«
Was die Moral betrifft, da hat sie strenge Gesetze.
Aber das war ja auch einer der Punkte auf meiner langen Liste der guten Vorsätze: Schluß zu machen mit dem in langen Jahren anerzogenen Wohlverhalten, weil es irgendwelchen verqueren sittlich-moralischen Gesetzen entsprach oder aus Angst vor der Strafe des ewigen Höllenfeuers.

Philip will mich nicht so schnell wieder loslassen, als ich ihm sein Frühstück ans Bett bringe. Er will alles ganz genau wissen. Wie es gestern abend war? Ob der Mann nett ist? Ob ich den schon lange kenne? Warum der noch nie bei uns war? In welchem Lokal wir gewesen sind? Was wir gegessen haben? Ob es gut war? Ob ich mit ihnen da auch mal hingehe? Und was wir die ganze Nacht gemacht haben. Ich sitze auf dem Bett und suche nach Antworten auf diese inquisitorischen Fragen. Das ist gar nicht so leicht, vor allem nicht bei der letzten. Außerdem werde ich langsam nervös. Mir läuft die Zeit davon. Ich muß den Arzt anrufen, ihn fragen, ob er vorbeikommen kann, um nach Philip zu sehen. Danach unsere »Ersatz-Großeltern« alarmieren. Hoffentlich kann einer von ihnen den Krankendienst übernehmen. Diesen Familienzuwachs verdanken wir Jan und Philip. Ihre Suche nach einem Großvater hat uns diese unschätzbare Hilfe vermittelt. »Unser Opa« ist der Eigentümer des Hauses, in dem wir wohnen. Sie haben ihn entdeckt, als er in meinem Zimmer eine Schrankwand einbaute. Er ist Schreiner, und seine Werkstatt ist für die Jungen der liebste Aufenthaltsort geworden. Glücklicherweise wohnt er gleich um die Ecke. Ich habe oft das Gefühl, meine Söhne halten sich mehr dort als hier zu Hause auf.

Daß der Opa auch eine Frau hat, die ihre Zuneigung für die leiblichen Enkel nicht ausleben kann, weil sie zu weit weg wohnen, und sie deshalb auf meine Kinder verteilt, wird gnädig hingenommen. Außerdem bäckt sie gerne Kuchen, ganz im Gegensatz zu mir. Die Organisation unseres täglichen Lebens wäre ohne diese hilfreiche Unterstützung um einiges schwieriger. Vor allem an einem Tag wie heute. Ich müßte zu Hause bleiben. Aber das kann ich gar nicht. Um elf Uhr habe ich einen Termin, den ich unbedingt wahrnehmen muß. Um zwei gleich den nächsten. Je nachdem, wie lange der dauert, komme ich heute überhaupt nicht mehr in die Redaktion. Ich darf nicht vergessen, mich abzumelden. Und heute ist auch noch Elternabend. Wie schön. Das wird vielleicht ein Tag. Dabei freue ich mich jetzt schon auf mein Bett. Aber erst mal unter die Dusche.

Als ich spät in der Nacht völlig erledigt ins Bett falle, klingelt das Telefon. Peter.
»Wo warst du den ganzen Tag?«
Er soll nicht mit dieser Stimme mit mir reden. Ich sage ihm das.
»Wieso nicht? Ich hab' Sehnsucht nach dir. Kannst du nicht noch rüberkommen?«
»Das geht leider nicht. Philip ist krank. Und außerdem bin ich k. o. Ich muß ja auch mal schlafen.«
»Schade«, streichelt mich seine Stimme. »Dann bis morgen.«
Mein Lächeln, mit dem ich den Hörer auflege, wird kritisch beobachtet. Jan steht in der Tür.
»War er das?«
Ich nicke. Jan lächelt nicht, und in seiner Stimme ist der Tadel nicht zu überhören.
»Kannst ihm bestellen, wir würden es begrüßen, wenn er in Zukunft nicht mehr mitten in der Nacht anruft. Weckt da die Leute, der Typ.« Und grummelnd und kopfschüttelnd verschwindet die kleine Gestalt. Aber er macht immerhin ganz leise die Tür zu.

Es ist Peter nicht abzugewöhnen. Er ruft mit Vorliebe zwischen Mitternacht und fünf Uhr morgens an. Weil ihm gerade zu dieser Zeit so oft danach ist. Und ich liege dann wach und kann nicht mehr einschlafen. Und denke über unsere Beziehung nach. Alle »Wenns« und »Abers« gehen mir durch den Kopf. Ist es gut oder schlecht, daß wir uns auch in unserem Beruf nahezu täglich über den Weg laufen? Wird das nicht ein bißchen zuviel? Ich brauche eine gewisse Distanz. Bei zuviel Nähe fühle ich mich bedrängt und fange an, um mich zu schlagen. Aber wir arbeiten ja nicht in derselben Redaktion, versuche ich mich zu beruhigen. Denn ich bin immer noch beim Lokalen. Ich habe zwar den Chefredakteur schon mehrmals darauf angesprochen, ob ein Wechsel in die Politik möglich sei, aber bisher ohne Erfolg.
»Leider in absehbarer Zeit nicht. Außerdem brauchen wir Sie da, wo Sie jetzt sind, dringend. Es gibt dort für Sie keinen Ersatz.«
Das sind die Art Komplimente, die mir schal schmecken. Aber vielleicht bin ich wirklich zu empfindlich.

»Machen Sie Regionalpolitik, verehrte Kollegin. Schließlich gibt es in dieser Stadt interessante Themen genug. Machen Sie sich auf die Suche. Schlagen Sie mir was vor. Meine Unterstützung bekommen Sie.«
Da hat er nicht gelogen. Mein erster Vorschlag wurde gleich angenommen, allerdings hatte ihn der Lokalchef auch ausdrücklich befürwortet. Also sitze ich zur Zeit an einer Reihe über die sozialen Einrichtungen privater und öffentlicher Hand in dieser Stadt. Ein umfangreiches Thema und manchmal sehr deprimierend. Was man da alles für Schicksale trifft.
Die große Politik muß also noch warten, obwohl ich ganz genau weiß, daß ich da irgendwann einmal hin muß. Vielleicht ist es im Augenblick in unserer privaten Situation ganz gut, daß es noch nicht geklappt hat. Peter und ich in einem Raum zusammen, da würde jeder sofort merken, was mit uns los ist. Im Dienst gehen wir sehr formell miteinander um, einmal abgesehen von kleinen, schnellen Berührungen, wenn wir uns im Gang begegnen und gerade niemand in der Nähe ist. Oder ich bekomme ein Lächeln in der Kantine, quer durch den ganzen Raum, der uns trennt. Die verschiedenen Ressorts haben alle ihren Stammplatz. Das ist ein ehernes Gesetz. Man kann sich nicht einfach an jeden Tisch setzen. Wenn das einer von uns täte, wäre das eine solche Demonstration, da könnten wir es auch in unserer Zeitung unter »Vermischtes« verkünden, daß wir miteinander schlafen. Aber ich bin der Meinung, das geht nur uns was an und wir sollten es, solange es geht, geheimzuhalten versuchen. Außerdem macht die Geheimniskrämerei Spaß. Obwohl ich mich manchmal sehr zusammennehmen muß, wenn Peter mit unbeteiligtem Gesicht dabeisteht, wenn mir ein Kollege sagt: »Was ist eigentlich los? Du siehst in letzter Zeit so verdammt gut aus.« Dieser Mann hat ja so recht. Ich sehe nicht nur so aus, es geht mir auch gut.

Drei Wochen sind wir nun schon zusammen, und bislang sieht es so aus, als hätte noch keiner etwas gemerkt. Ich glaube, wir waren mit unserem Versteckspiel sehr erfolgreich. Bis heute morgen. Da passierte, was endlich einmal passieren mußte. Ich fahre mit unse-

rem Fotografen zusammen im Fahrstuhl nach oben. Unglücklicherweise steigt im ersten Stock Peter zu. Ich war darauf nicht vorbereitet und erröte prompt bis unter die Haarwurzeln. Der liebe Kollege sieht mich einen Moment lang erstaunt an, nimmt dann den süffisant lächelnden Peter aufs Korn und grinst.
Jetzt bin ich mal gespannt, wie lange es dauert, bis es das ganze Haus weiß. Es dauert keine Stunde, bis ich gefragt werde: »Sag mal, stimmt das? Du und dieser charmante Peter...?«
Peter scheint das nicht zu stören.
»Ich verstehe nicht, warum du dich darüber ärgerst. Ewig konnte unsere Beziehung sowieso kein Geheimnis bleiben.«
»Ich mag den Klatsch und Tratsch nicht. Und mir ist es lieber, wenn ich Beruf und Privatleben trennen kann.«
»Tja. Dagegen ist grundsätzlich nichts einzuwenden. Aber in unserem Falle leider nicht möglich. Du wirst dich damit abfinden müssen, daß wir von jetzt an als DAS Liebespaar von den lieben Kollegen genauestens unter die Lupe genommen werden. – Eigentlich ist mir das recht. Dann brauche ich mich nicht mehr zu kasteien, wenn wir uns mal wieder zufällig im Fahrstuhl begegnen, und kann dir einen Kuß geben.«
»Wage es ja nicht. Nicht in der Redaktion.«

DAS Liebespaar!? Ich glaube, es wird Zeit, daß ich mit meinen Kindern darüber rede.

Ich berufe den großen Familienrat ein. Ich habe ein Gefühl im Bauch, als müßte ich zu einem Examen antreten und sei nicht ausreichend vorbereitet. Aber was hilft's? Sie müssen ihn endlich kennenlernen. Also habe ich ihn für morgen abend zum Essen eingeladen.
Meine Kinder sind meinem Aufruf gefolgt und sehen mich erwartungsvoll an. Wie soll ich denn bloß anfangen?
»Ich habe euch ja von meinem Kollegen Peter erzählt...«
»Das ist der Typ, der immer nachts anruft.«
Jan muß darauf aufmerksam machen, daß er schon wieder mehr weiß als die anderen.

»Jan. Bitte! Darf ich jetzt erst einmal ausreden? Der Typ, wie du ihn nennst, ist ein sehr netter Mann. Ich habe ihn sehr gern, und ich würde mich freuen, wenn ihr ihn als meinen Freund akzeptieren könntet. Ich möchte gerne oft mit ihm zusammensein.«
Ich habe das Gefühl, das kommt ein bißchen unvermittelt. Vielleicht hätte ich das etwas umständlicher einfädeln müssen. Aber nun ist es gesagt. Lisa sieht zuerst das praktische Problem.
»Was heißt das? Daß der hier einzieht? Wir haben doch gar kein Zimmer mehr frei.«
»Nein. Einziehen wird er hier nicht. Aber er wird öfter hier sein. Und ich hoffe sehr, daß er euch auch sympathisch ist.«
Katja sagt kein Wort. Jan runzelt die Stirn.
»Wir kennen ihn ja noch gar nicht.«
»Eben. Und deshalb habe ich ihn für morgen abend zum Essen eingeladen. Da habt ihr Zeit, mit ihm zu reden. Ich kann euch nicht zwingen, ihn zu mögen. Aber ich bitte euch, daß ihr ihm, daß ihr uns eine Chance gebt. Dieser Mann ist mir sehr wichtig.«
Philip hat andere Sorgen.
»Was gibt's denn zu essen?«
»Peter hat sich Hähnchen gewünscht.«
»Okay. Dann darf er kommen. Komm, Jan, wir gehen noch ein bißchen raus.«
Lisa schließt sich den beiden an. Katja und ich sitzen da und schweigen. Nach einer Weile stehe ich auf und setze mich neben sie.
»Möchtest du nicht, daß Peter kommt?«
Sie rückt ein Stückchen von mir weg.
»Ich will keinen anderen Vater.«
»Aber Katja, davon kann doch noch gar keine Rede sein. Ich wünsche ihn mir als Freund. Mehr ist im Moment nicht.«
»Schläfst du mit ihm?«
Einen Augenblick will ich die Antwort verweigern. Auch wenn sie meine Tochter ist, geht das schließlich nur mich was an. Aber dann entscheide ich mich doch zu antworten.
»Ja. Und ich finde es sehr schön. Es macht mich glücklich. Sehr glücklich sogar.«

Katja steht abrupt auf und geht aus dem Zimmer. Ich gehe ihr nicht nach. Ich kann nur hoffen, daß sie mich irgendwann einmal versteht.

Auch am nächsten Abend, als wir in der Küche zusammen das Abendessen vorbereiten, sagt sie nicht viel. Ich respektiere das, aber besser fühle ich mich dadurch nicht. Was soll ich machen, wenn meine Kinder diesen Mann rigoros ablehnen? Die Beziehung abbrechen? Das will ich nicht. Das kann ich nicht. So weit geht meine Opferbereitschaft nicht. Peter macht sich überhaupt keine Sorgen. Heute nachmittag hat er gelacht, als ich ihm meine Befürchtungen mitgeteilt habe.
»Keine Bange. Das schaff' ich schon.«
Wenn er sich da nur nicht gewaltig überschätzt. Er kennt meine Kinder nicht.

Als er an der Tür klingelt, bin ich entsprechend nervös. Doch das ist völlig unbegründet. Er soll recht behalten. Es wird ein schöner, heiterer und harmonischer Abend. Und ich glaube, das habe ich mir nicht nur eingebildet. Peter ist sehr vorsichtig, drängt sich in keiner Weise auf, buhlt nicht plump um ihre Zuneigung. Ich stelle nur überrascht fest, als er jeden einzelnen begrüßt, daß er sich sehr genau gemerkt hat, was ich über meine Kinder erzählt habe. Er geht sehr direkt auf sie zu, vermittelt ihnen das Gefühl, daß er sich für sie interessiert. Für sie als Person, unabhängig davon, daß sie meine Kinder sind. Und dann spricht er über seine Gefühle zu mir. Sehr ernst. Seine Worte sind nahezu identisch mit den meinen. Meine Kinder akzeptieren das. Sie glauben ihm. Jan und Philip gehen als erste zur Tagesordnung über.
»Komm mal mit. Wir zeigen dir unsere Eisenbahn.«
Peter zwinkert mir zu und verschwindet mit den beiden. Lisa trottet hinterher. Im Hinausgehen sagt sie lässig:
»Der scheint in Ordnung zu sein. Geben wir ihm eine Chance.«
Ich sehe Katja an.
»Was meinst du?«
»Mal abwarten. Vielleicht ist er ja ganz nett.«

Erleichtert wende ich mich wieder dem Salatputzen zu. Die erste Hürde ist genommen. Und ich wage es auch, optimistisch in die Zukunft zu schauen. Zwar wollte sich die Katze nicht von Peter streicheln lassen, hat ihn sogar gekratzt, aber Nico hat sich gebärdet, als käme ein lang Vermißter endlich nach Hause. Er jaulte und sprang an Peter hoch, wie er das sonst nur bei meinem Ex-Mann tut. Vielleicht haben beide einen ähnlichen Geruch. Der Gedanke ist mir allerdings nicht so sehr sympathisch.

Ein ganzes langes Wochenende nur Peter. Zum ersten Mal ganz für mich allein. Morgens, mittags, nachmittags, abends und nachts. Keine Termine, kein Telefon. Für die Redaktion sind wir offiziell verreist. Die Kommentare der lieben Kollegen waren natürlich entsprechend. Aber das konnte meine Vorfreude auch nicht trüben. Familiäre Pflichten habe ich auch keine. Die Kinder sind mit ihrem Vater zu einem Kurzurlaub gestartet, auch der Hund ist mit. Dieser Heuchler. Wenn sein altes Herrchen kommt, hat er nur noch Augen für ihn. Und beide genießen das, demonstrieren innigstes Einverständnis. Herr und Hund haben dann denselben Blick.
»Wir wissen, was Treue ist. Sieh uns nur an. Da kannst du noch was lernen.«
Ich war versucht, meinem ehemaligen Ehemann von Nicos Untreue zu berichten, ihm von dem herzlichen Verhältnis zu Peter zu erzählen. Aber es gelang mir, diesen schäbigen Impuls zu unterdrücken.

Es ist also alles in Ordnung, und es besteht kein Anlaß, sich Gedanken zu machen. Ich habe frei. Trotzdem komme ich mir vor, als schwänzte ich die Schule. Gar kein schlechtes Gefühl. Peter verwöhnt mich. Ich darf erst aufstehen, wenn er das Frühstück schon gemacht hat. Dann weckt er mich mit einer ausgedehnten Massage. Ein seltener Luxus. Daran könnte ich mich gewöhnen. Ich rekele mich voll Wohlbehagen. Das führt dann allerdings wieder dazu, daß es mit dem Aufstehen so schnell nichts wird. Der Kaffee ist schon kalt, als wir uns endlich an den Tisch setzen können. Am Samstag wollen wir spazierengehen, aber unsere wohlige Trägheit verhindert das. Sonntag bleiben wir gleich im Bett. Gut, daß das meine Großmutter nicht sieht. »Wie kann man nur so dem lieben Herrgott den Tag stehlen«, wäre sicher eine ihrer netteren

Bemerkungen. Aber genau das tun wir, und zwar mit Genuß. Wir lesen ein bißchen und reden, reden, als hätten wir bis jetzt noch keine Zeit dazu gehabt.

Am Nachmittag müssen wir uns allerdings trennen. Ich steige in die Badewanne, und Peter geht in die Küche. Schon Samstag abend hat er mich bekocht. Und heute soll es ein Dinner mit drei Gängen geben. Wie gut für mich, daß er so gerne kocht. Meine Fähigkeiten auf diesem Gebiet sind allenfalls mittlerer Durchschnitt, etwas für den Hausgebrauch. Dagegen ist das, was er mir vorsetzt, exzellent. Er strahlt, weil es mir so gut schmeckt. Und wieder reden wir bis spät in die Nacht.
Ich habe den zärtlichsten, liebevollsten, aufmerksamsten Mann gefunden, den es auf Erden gibt. Natürlich weiß ich, daß das sein Sonntagsgesicht ist und daß ein gemeinsamer Alltag sicherlich nicht so sonnig aussähe. Natürlich fallen mir bei diesem langen Zusammensein auch ein paar Macken auf, die ich bisher noch nicht an ihm festgestellt habe. Aber was zählen die im Vergleich zu all den angenehmen Seiten seines Wesens, die ich an diesem Wochenende so genieße. Es ist so wunderschön. Ich will noch nicht, daß es vorbei ist. Es soll noch ein bißchen dauern. Nur noch einen Tag, nur noch eine Nacht. Und er hat den gleichen Wunsch.
»Bleib doch noch zwei Tage. Deine Blagen sind sowieso nicht da. So können wir gleich mal ausprobieren, wie das mit uns beiden im Alltag klappt.«
Mein zögerndes Abwehren ist wohl mehr taktischer Natur. Ich hatte mir vorsichtshalber den Montag freigenommen, wollte mich endlich einmal wieder um meinen Haushalt kümmern. Zumindest habe ich mir das eingeredet. Aber wahrscheinlich wußte meine schwarze Seele schon früher als mein Gehirn, daß ich unsere Gemeinsamkeit so lange wie möglich ausdehnen wollte. Ich machte noch einen halbherzigen Versuch:
»Aber ich muß Dienstag morgen einen Artikel abgeben. Und ich habe noch kein einziges Wort geschrieben.«
»Wenn das der Grund ist, schreiben kannst du auch hier. Ich

räume dir meinen Schreibtisch frei, stelle dir die Schreibmaschine hin – also, wo ist das Problem? Komm, sag ja.«
Und er versucht nicht nur mit Worten, mich zu überzeugen. Natürlich bleibe ich.

Am Montag morgen spielen wir »altes Ehepaar«. Er mault, daß ich zu lange im Bad bin. Ich mosere herum, daß er seine Klamotten gestern abend einfach auf meine geschmissen hat. Er sagt, er kann frühmorgens unmöglich frühstücken. Ich bestehe darauf, daß er wenigstens ein Glas Orangensaft und ein winziges Stück Brot zu sich nimmt. Er verbittet sich dieses bemutternde Getue. Wir hätten dieses Spiel noch länger fortsetzen können. Schließlich ist dieses Repertoire unerschöpflich. Aber er muß zum Dienst. Den Abschied an der Tür gestalten wir dann eher wieder wie ein Paar in den Flitterwochen. Dann ist er weg.

Ich laufe durch seine Wohnung, genieße es, dort allein zu sein. Ich denke darüber nach, wie ich mich fühlen würde, wenn das wirklich unser gemeinsamer Alltag wäre. »Vorsicht, Vorsicht«, ermahne ich mich. »Immer langsam.«

Um auf den Boden der Realität zurückzukommen, setze ich mich an den Schreibtisch, beginne meinen Artikel zu schreiben, damit ich mit meiner Arbeit fertig bin, wenn er heimkommt. Er will sich den Nachmittag freinehmen und mit mir zu einem besonders gemütlichen Lokal fahren. Es soll ein krönender Abschluß dieses wunderschönen Wochenendes werden, sagte er, und mir Lust machen auf weitere.
Es läuft wunderbar. Die Zeilen schreiben sich wie von selbst. Was so ein Wohlbehagen alles auslösen kann. Lediglich mit seiner alten Schreibmaschine habe ich Probleme. Ich vertippe mich oft. Das sieht nicht gut aus. Irgendwo muß er doch Tippex haben oder etwas Ähnliches. Ich ziehe eine Schublade auf. Da liegen Briefe drin. Ich mache sie schnell wieder zu.

Und dann habe ich die Briefe gelesen. Alle. Briefe von Frauen, einige ein paar Monate alt, aber zwei erst von letzter Woche, von einer Frau geschrieben, die er offensichtlich auf einer Tagung kennengelernt hat. Es muß eine Kollegin sein. Von welcher Zeitung? Dem Absender nach wohnt sie hier in der Stadt.
Der Schock trifft mich völlig unvorbereitet. Ich glaube nicht, daß ich eine eifersüchtige Natur bin. Ich hasse Ausschließlichkeitsansprüche. Kein Mensch ist mein persönliches Eigentum, über das ich bestimmen kann. Ich habe noch nie einem Mann nachspioniert. Ich kann mich an keine Eifersuchtsszene erinnern, die ich je gemacht hätte. Peter und ich haben auch über all diese Dinge offen gesprochen. Noch am Sonntag abend. Jetzt frage ich mich, wer von uns beiden mit dem Thema angefangen hat. Er oder ich? Ist ja auch egal. Ich hatte dem auf jeden Fall zugestimmt. Der Mensch hat so viele verschiedene Eigenschaften, die können nicht nur mit einer Person im Einklang stehen. Da gibt es Impulse, Ideen, Reize, die durch andere ausgelöst werden, und so weiter und so weiter. Was man so alles sagt. Wir hatten nie über Treue gesprochen. Darüber ist man doch hinaus. Und von irgendwelchen Versprechungen dieser Art halte ich sowieso nichts. Aber ich hatte bei all meinem klugen Gerede an ein fernes »Später« gedacht, an die Zeit, wenn unsere Beziehung durch Gewöhnung etwas müde geworden sein sollte. Daß er jetzt, im Überschwang unserer neuen Liebe, überhaupt in der Lage war, an eine andere Frau zu denken, das war mir nicht im entferntesten in den Sinn gekommen. Ich fühlte mich so sicher. Wie man sich irren kann. Das wird mir jetzt schwarz auf weiß vor Augen geführt. Der Inhalt der beiden Briefe ist eindeutig. Das ist keine platonische Beziehung, sie spricht liebevoll von seinem Körper und beschreibt, welche Gefühle seine Berührungen in ihr auslösen. Aber es ist auch kein rein sexuelles Verhältnis – zumindest nicht von ihrer Seite her. Sie spricht von ihren Gefühlen für ihn, von Liebe. Und auch mein Name kommt drin vor. Das ist eine ganz besondere Qual, sich vorzustellen, daß er mit ihr, vielleicht sogar im Bett, über mich spricht. Das hat sie mir voraus. Mit mir spricht er nicht über sie. Ich wußte bisher gar nicht, daß es sie überhaupt gibt.

Ich schwitze in einem Gefühlsbad ganz besonderer Art: Wut – Verlustängste – Rachegefühle – Lust, etwas kaputtzumachen, und Scham. Ich schäme mich, daß ich diese Briefe gelesen habe, daß ich gar nicht anders konnte. Daß ich sie lesen mußte, obwohl ich die Möglichkeit eines solchen Vertrauensbruches immer weit von mir gewiesen hatte. Ich höre mich noch: »Du kannst machen, was du willst. Bloß, erzähl es mir nicht.« Mir ist schlecht. Ich zittere. Und ich habe noch nicht einmal die Möglichkeit, ihn darauf anzusprechen. Ich müßte ja zugeben, daß ich die Briefe gelesen habe. Das würde er mir nie verzeihen. Ich weiß, daß er das bei mir für unmöglich hält.

Die Strafe für meine Schwäche ist hart. Denn schon wenige Stunden später ertappe ich ihn bei der Lüge. Natürlich kann ich es nicht lassen, ihn ein bißchen auszufragen, als er den Namen dieser Kollegin beim Essen beiläufig erwähnt. Ich verpacke meine eifersüchtige Neugier in eine allgemeine Frotzelei, frage, ob diese Frau ihm vielleicht gefallen könnte. Er sagt nur:
»Die??? Nie!!!«
Und es klingt so aufrichtig, so ehrlich. Das tut weh. Plötzlich spüre ich eine Art Solidarität mit dieser Frau. Wenn ich mich recht an den Inhalt des Briefes erinnere – könnte ich ihn bloß vergessen –, klang aus den Zeilen so etwas heraus wie die Erwartung auf eine feste Beziehung und die Hoffnung, ihn mir vielleicht doch abspenstig machen zu können.

Ich weiß nicht mehr, wie ich den Ausflug und das Essen überstanden habe. Er hatte sich wirklich etwas Schönes einfallen lassen. Schade um das Geld. Ich weiß nicht, wie ich es geschafft habe, die sicher sehr delikaten Speisen herunterzuwürgen und dabei noch so zu tun, als schmeckten sie mir wunderbar. Vor meine Speiseröhre hat sich ein Riegel geschoben. Der Rest meines Körpers ist nicht mehr da, nur noch als dumpfes, klobiges Etwas zu spüren, ein Etwas, das außerhalb von mir steht. Nur der Magen tut weh. Aber ich lächle. Lüge also auch.

Peter ist sehr verblüfft, als ich ihm bei unserer Heimkehr vor der Haustür sage, daß ich nun doch nicht mehr mit raufkomme und nicht bei ihm übernachte. Wie hätte ich das überstehen sollen? Ich müßte wirklich mal wieder ausschlafen, ist meine fadenscheinige Erklärung.
»Ist irgendwas?« fragt er. »Du bist schon den ganzen Abend so komisch. Hab' ich was falsch gemacht?«
Ich schüttle lachend den Kopf.
»Wie kommst du denn darauf? Es war wunderschön.«
Ich lasse es zu, daß er mich in den Arm nimmt, mich küßt. Aber ich bleibe standhaft, als er mich zu überreden versucht, meinen Entschluß rückgängig zu machen. Ich gebe mich sehr kokett und finde mich zum Kotzen. Ich muß ganz schnell weg, sonst verrate ich mich doch noch. Ich sehe im Rückspiegel, wie er mir nachschaut. Er ist sehr irritiert.

Ich bin nicht nach Hause gefahren, sondern zu Franziska, und habe geheult bis morgens früh um vier. Franziska gibt sich rührende Mühe, mich zu beruhigen. Sie macht Kaffee, füttert mich mit Keksen, bietet mir großzügig ihren sorgsam gehüteten spanischen Kognak an, aber sie macht den Fehler, mich in die Arme zu nehmen. Das löst die letzte Barriere. Ich habe gar nicht gewußt, daß der Mensch so viel Tränen hat. Da hatte sich wohl wieder einiges aufgestaut. Um vier Uhr bin ich besoffen, leergeweint und hundemüde. So wie ich bin, strecke ich mich auf dem Sofa aus. Ich schaffe es gerade noch, die Schuhe auszuziehen, und fühle dankbar, wie Franziska eine Decke über mich ausbreitet, dann fallen mir die Augen zu.
Das nächste, was ich registriere, ist frischer Kaffeeduft. Aber ich habe noch nicht die geringste Lust aufzuwachen, obwohl mich ansonsten dieser Geruch mitten in der Nacht locken kann. Mein Kopf fühlt sich leicht wattig an, irgendwie dumpf. Als ich mich entschließe, trotzdem die Augen aufzumachen, weiß ich zunächst gar nicht, wo ich bin. Das ist doch nicht mein Bett. Schlagartig fällt mir mein ganzes Elend auf die Seele. Und nicht nur das – auch, daß ich bis Mittag meinen Artikel abgeben muß. Wie spät ist es denn

überhaupt? Gott sei Dank, erst acht Uhr. Wo steckt denn Franziska? Ist die etwa schon auf? Das arme Wesen. Die habe ich heute nacht arg strapaziert. Aber schließlich, wozu hat man eine Freundin? Ich gehe dem Kaffeeduft nach und finde sie in der Küche.
»Ich wollte dich gerade wecken. Das Frühstück ist fertig. Na, wie geht's dir denn? Was macht dein Kopf?«
Richtig. Die Frage ist berechtigt. Was macht denn mein Kopf? Von dem leisen, dumpfen Gefühl einmal abgesehen, geht es ihm erstaunlich gut, und das bei dem Kognakverbrauch. Wenn es meiner Seele auch so gut ginge, könnte ich nicht klagen.
»Ich muß erst mal unter die Dusche. Danach kann ich dir sagen, wie's mir geht.«
Kann ich das wirklich? Wie soll es jetzt weitergehen? Wenn ich das nur schon wüßte. Kaum sitze ich frischgewaschen am Frühstückstisch, schockt mich Franziska mit der Frage:
»Machst du jetzt Schluß mit Peter?«
»Nein! Auf keinen Fall!«
Diese schnelle, eindeutige Entscheidung verblüfft mich. Aber es stimmt. Das will ich ganz entschieden nicht. Ich kann mir nicht vorstellen, daß es Peter für mich nicht mehr gibt. Es bleibt die Frage, ob ich unter den gegebenen Bedingungen die Beziehung fortsetzen kann.
»Gut. Das hätten wir geklärt. Dann bleibt nur noch die Frage, ob du es aushältst, Peter so zu akzeptieren, wie er ist. Laß uns mal aufschreiben, was bei dieser Beziehung auf der Soll- und Habenseite zu verbuchen ist.«
Man merkt, daß meine Freundin im Augenblick mit einem Computerfachmann liiert ist. Systematik ist normalerweise nicht ihre Stärke. Sie steht auf, holt Papier und Bleistift.
»Erstens. Ein dickes Plus auf der Habenseite. Die Beziehung zu Peter ist dir sehr viel wert. Du willst sie aufrechterhalten. Dickes Minus auf der Sollseite: Peter betrügt dich und wird das auch in Zukunft tun. Was wiegt schwerer?«
Ich muß nicht lange überlegen. Die Habenseite. Ja. Es ist wirklich so. Daß es außer mir noch andere Frauen gibt, könnte ich – das glaube ich zumindest jetzt bei Tageslicht – verkraften. Außerdem,

wer sagt mir denn, daß das immer so bleiben wird. Eine vage Hoffnung, aber im Moment erleichtert sie mir das Leben ein bißchen. Und wenn diese Beziehung so bleibt, wie sie bis jetzt war, ist sie für mich etwas ganz Besonderes. Peter vermittelt mir, wenn wir zusammen sind, das Gefühl, daß es nur mich für ihn gibt. Das gehört auch auf die Habenseite.
»Langt das denn nicht?« Franziska malt ein großes Fragezeichen aufs Papier. »Also ich wäre froh, wenn mir das auch mal passieren würde. Und mir fallen noch mehr Pluspunkte ein. Du hast gesagt, daß ihr beide stundenlang miteinander reden könnt, daß ihr viele gemeinsame Interessen habt, und – ein besonders dickes, fettes Plus – im Bett versteht ihr euch ausgezeichnet. Also...!«
Mit einer raschen Bewegung streicht sie die Sollseite durch und gibt mir das Papier rüber. Wenn es so einfach wäre. Aber da ist noch etwas. Seine Lüge. An der habe ich mehr zu knabbern als an seiner Untreue. Ich werde ihm nicht mehr das gleiche Vertrauen entgegenbringen können wie bisher. Franziska spottet über meine Naivität.
»Du hast ihn also für etwas Besonderes gehalten? Für ein Ausnahmewesen?«
Habe ich das? Vielleicht. In gewisser Weise schon.
»Aber alle Männer sind untreu und feige – ohne Ausnahme.«
»Aber Franziska, das ist doch ein dämliches Pauschalurteil.«
»Nein. Ich weiß, wovon ich rede. Aber ich finde es nicht schlimm. Man muß sich nur drauf einstellen. Oder wünscht du dir vielleicht einen monogamen Helden? Dann solltest du allerdings einmal gründlich über dich nachdenken.«
Sie redet noch länger auf mich ein, will mich von meinen falschen Illusionen runterholen. Ausgerechnet sie verlangt von mir ein stärkeres Bewußtsein für Realität. Und sie hat noch ein gutes Argument: daß mein Vollkommenheitsanspruch eigentlich eine Unverschämtheit ist und sehr arrogant. Unmenschlich sozusagen.
Vielleicht muß ich wirklich meine Erwartungen etwas tiefer ansetzen. Märchenprinzen gibt es eben nicht. Wahrscheinlich gut so. Ich bin mir nicht sicher, ob mich allzuviel Harmonie nicht am Ende langweilen würde. Ich werde also versuchen, Peter mit all

seinen Schwächen zu akzeptieren. Ein großer Vorsatz. Ich weiß noch nicht, wie das gehen wird. Aber ich muß es versuchen. Das weiß ich genau. Ein leises ungutes Gefühl bleibt. Doch ich will wissen, ob es eines Tages verschwindet. Ich hoffe es.

Mit vielen guten Ratschlägen versehen, fahre ich um zehn in die Redaktion. Auf dem Weg dorthin spiele ich die Szene immer wieder durch. Ich will Peter begegnen, als hätte ich diese Briefe nicht gelesen. Ich will versuchen, den Teil seines Lebens als etwas zu akzeptieren, das nur ihn etwas angeht. Im Moment kommt mir meine Haltung sehr heroisch vor. Als ich dann vor ihm stehe, habe ich allerdings das gleiche miese Gefühl im Bauch wie gestern. Obwohl ich sehr sorgfältig Make-up aufgetragen habe, sieht er natürlich sofort meine verquollenen Augen.
»Hast du geweint? Ist was passiert?« Er streichelt mein Gesicht. »Ich habe gestern abend dauernd versucht, dich anzurufen. Wo warst du denn?«
Ich erzähle eine lange Geschichte von plötzlichen Kopfschmerzen und daß ich das Telefon ganz leise gestellt hätte und daß mir der Kopf immer noch weh tue. Wenigstens das letzte ist nicht gelogen.
Peter ist sehr besorgt, besteht darauf, daß ich sofort wieder nach Hause fahre. Das halte ich allerdings auch für das Beste.
Am Abend kommt er vorbei, will wissen, ob es mir besser geht. Das tut es – ich kann seine Küsse schon wieder ertragen. Ich versuche, wie Franziska es verlangt, mich auf die Realität einzustellen.
»Sei nicht so empfindlich. Betrachte es als Notlüge. Die braucht jeder. Mit deinem Wahrheitsfanatismus machst du jede Beziehung kaputt.«
Das ist sicher richtig. Trotzdem kommt es mir vor, als hätte ich etwas sehr Wesentliches verloren. Vielleicht nur einen Kinderglauben.

Aus dem Keller dringt beunruhigender Lärm. Hämmern, Klopfen, Sägen. Und das am Samstag nachmittag. Es wundert mich, daß Frau Nachbarin noch nicht geklingelt hat, um sich zu beschweren. Nico und die Katze haben sich schon unter dem Sofa in Sicherheit gebracht. Von dort sehen sie mich fragend an. Ich ahne Schlimmes. Meine Söhne frönen ihrer momentanen Leidenschaft, eifern ihrem Adoptiv-Großvater nach. Sie schreinern Möbel. Das heißt im Klartext: Aus brauchbaren Einrichtungsgegenständen, über deren Funktionstüchtigkeit gestandene Möbelhersteller sicher sehr lange nachgedacht haben, wird ein undefinierbares Etwas, dessen Zweck und Sinn nur nach längeren Erklärungen der Schöpfer zu erahnen ist. Über den ästhetischen Wert möchte ich lieber erst gar nicht nachdenken. Es sind ihre eigenen Kinderzimmermöbel. Sie müssen damit leben, nicht ich. Wenn sie also das Gefühl haben, sie brauchen keine Kommode und kein Nachtschränkchen, sondern hätten lieber ein Ding aus Teilen von beiden, so ist das doch ein kreativer Akt. Und dem sollte im Interesse der kindlichen Entwicklung nicht Einhalt geboten werden – oder? Schließlich habe ich meine Literatur gelesen: Das Kind nicht entgegen seiner Neigung zu zwingen. Das stört es in seiner Aktivität beziehungsweise Verfassung. Relikte der Theorien antiautoritärer Erziehung. Regeln sind dazu da, mißachtet zu werden.
Aber es schmerzt mich trotzdem, wie da zusammengerechnet achthundertfünfzig Mark zerschlagen, auseinandergesägt, durchbohrt und vernagelt werden. Kleinliches Besitzdenken? Kann schon sein. Und vor grauer Vorzeit hatte ich gelernt, das als die Wurzel allen Übels zu verdammen. Für die Abschaffung des Privateigentums bin ich schließlich mal mit Transparenten auf die Straße gegangen. Ich war Mitglied in einer sehr aktiven Schülerbewegung.
Aber vielleicht ist es trotz meiner Vergangenheit doch besser,

ich gehe runter und versuche zu retten, was zu retten ist, formuliere einige wohlgesetzte Worte über Sinn und Zweck des Handelns.

Als ich die Kellertür öffne, sehen mich zwei vor Begeisterung glühende Kindergesichter an. Mit strahlenden Augen verweisen sie auf das Ergebnis ihres intensiven Schaffens und erwarten von mir staunende Bewunderung. Diese fällt mir allerdings etwas schwer, als ich das Kunstwerk betrachte. Aber ich bringe es auch nicht fertig, sie deswegen zu beschimpfen. Sie sind so stolz.

Gemeinsam tragen wir dieses wacklige Etwas, das einem futuristischen Phantasieprodukt gleicht und nur entfernt noch etwas mit einem Möbelstück zu tun hat, in ihr Zimmer. Es kostet uns einige Mühe, damit es nicht schon auf der Treppe auseinanderfällt. Mit Draht und Dübeln wird das Prachtexemplar an der Wand befestigt, damit es nicht umkippt. Andächtig stehen die beiden davor. Wirklich ein schönes Regal. Aus den übriggebliebenen Schubladen und Türen kann man ja sicher auch noch was Nützliches machen.

»Du läßt den Blagen einfach zuviel durchgehen.«
Peter hat ohne Zweifel recht. Andererseits versuche ich nur, sie ernst zu nehmen und sie das spüren zu lassen. Ich möchte ihnen klarmachen, daß sie allein es sind, die für ihre Entscheidungen Verantwortung übernehmen müssen. Habe ich damit zu früh angefangen? Können sie das noch nicht begreifen? Es wäre gut, wenn es zu mir noch ein Kontrastprogramm gäbe, wenn sie sich außer mit mir noch mit einer anderen »Erziehungsinstanz« auseinandersetzen müßten. Aber da ist Ebbe. Der Vater findet leider weniger in unserem Leben statt, als das einmal geplant war. Und Peter? Peter hält sich raus.
»Ich werde den Teufel tun und mich in deine Erziehung einmischen. Ein falsches Wort zu deinen Schätzchen, und du entziehst mir deine Zuneigung. Und das möchte ich nicht riskieren.«
Kann schon sein. Aber so bin ich die Pufferzone und kriege es von beiden Seiten ab. Denn was ihm an den Kindern nicht paßt, und

das ist eine ganze Menge, sagt er mir, anstatt es direkt mit ihnen auszufechten. Für die Kinder bleibt er der »liebe Peter«, der mit den Jungen Fußball spielt und mit den Mädchen flirtet. Die sind mittlerweile ganz verliebt in ihn. Das kann mir ja nur recht sein. Und so ist eigentlich alles in schönster Ordnung. Auch die Verdrängung des gewissen heiklen Themas gelingt mir überraschend gut. Die Habenseite wiegt wirklich einiges auf. Wenn nicht...? Ja was? Manchmal habe ich das Gefühl, er nimmt mir die Kinder übel. Wenn ich ihn darauf anspreche, weist er das weit von sich: »Das ist doch lächerlich. Sei nicht albern. Ich mag deine Kinder sehr.«
Aber viele seiner Beschwerden klingen doch so, als sei er eifersüchtig. Als störe es ihn erheblich, daß er nicht immer im Mittelpunkt meines Denkens und Fühlens steht.
Ich kann es nicht ändern. Die Kinder sind nun mal da. Und ich gäbe sie auch nie mehr her. Ich habe mir das bei unserer Scheidung ernsthaft überlegt. Ich weiß zwar nicht genau, wie ich die Trennung von ihnen verkraftet hätte, aber ich habe wirklich sehr gewissenhaft darüber nachgedacht, ob es im Interesse der Kinder nicht besser wäre, das Angebot meines Ex-Ehemannes zu akzeptieren. Er hatte vorgeschlagen, sie in seine neue Familie aufzunehmen.
Ein überlegenswerter Gedanke. Ein schönes Haus, jedes Kind sein eigenes Zimmer, ein regelmäßiger Tagesablauf, keine Hektik – ganz im Gegensatz zu hier –, ein Vater, der versprach, sich um seine Sprößlinge liebevoll zu kümmern – alles Argumente, die dafür gesprochen haben. Aber der Vater ist sehr beschäftigt und selten zu Hause. Zugegeben, das bin ich auch. Familienleben findet bei uns allenfalls am Frühstückstisch statt. Und wie oft liegen die Kinder schon im Bett, wenn ich abends nach Hause komme. Letztendlich ausschlaggebend war, daß sich sein neues Leben so grundlegend von dem unterscheidet, das er, die Kinder und ich elf Jahre lang geführt haben. Das wäre wohl nicht gutgegangen. Seine Frau findet unseren Lebensstil unmöglich, hält meine Erziehung für völlig verfehlt. Sie bemüht sich ständig, den Kindern etwas mehr Zucht und Ordnung beizubringen. Dagegen habe ich grundsätzlich nichts, wenn es nicht in Drill ausartet. Aber das größte

Problem ist ihre Eifersucht. Sie würde die Vergangenheit zu gerne auslöschen, sähe mich am liebsten tot und begraben. Schade. Ein freundschaftliches Miteinander würde allen Betroffenen das Leben erleichtern. Ich hätte ihr gerne erklärt, daß sie von mir nichts zu befürchten hat, daß ich ihr den Mann nicht wieder wegnehmen will. Ich weiß sehr genau, daß unsere Trennung die einzig richtige Entscheidung war. Wir hätten uns gegenseitig zerstört. Und was das für Auswirkungen auf die Kinder gehabt hätte, will ich mir lieber nicht vorstellen. Wenn wir beide älter gewesen wären, als wir uns trafen, hätten wir vielleicht eine Chance gehabt, zusammenzubleiben. Wir mußten beide erst lernen, ehrlicher mit uns selbst umzugehen.

Aber was soll das »Wenn, dann vielleicht«. Das führt zu nichts. Ich muß allein mit meiner Situation fertig werden. Im großen und ganzen gelingt mir das auch, aber es gibt Momente, da weiß ich nicht mehr weiter. Da bin ich kraftlos, habe das Gefühl, daß ich das allein unmöglich schaffen kann. Ich muß ja oft an verschiedenen Orten zur gleichen Zeit sein, zumindest gedanklich. Und wünsche mir, ich könnte das auch körperlich. So eine kurzfristige Verdoppelung meines Ichs würde mir oft aus großen Schwierigkeiten heraushelfen. Schade, daß es nicht wenigstens zwei Stunden am Tag die Möglichkeit einer Persönlichkeitsteilung gibt. Wie im Trickfilm. Wenn es eng wird, einfach in der Mitte den Reißverschluß aufziehen, und es gibt mich zweimal.

»Ein entsetzlicher Gedanke«, ist die Reaktion von Peter, als ich ihm von diesem Wunsch erzähle. Er liegt bäuchlings vor mir in der Sonne, und ich reibe ihm den Rücken mit Sonnenmilch ein. Er grunzt vor Behagen. Wir haben gerade nach einem heftigen Streit Waffenstillstand geschlossen. Ich weiß noch nicht, ob ein Friedensvertrag daraus wird.

Vier Tage sind wir erst auf Stromboli, und ich weiß, daß es ein Fehler war, mit ihm auf diese Insel zu fahren. Dabei war er sofort dafür, als ich den Vorschlag machte. Er hatte genau wie ich das Gefühl, daß wir beide einmal längere Zeit ganz für uns allein sein müssen. Ohne Kinder und ohne unseren beruflichen Alltag. In einer ganz anderen Umgebung. Aber das hier ist kein Platz für uns.

Was für eine blödsinnige Idee, den wunderschönen Urlaub mit Hans vor zwei Jahren mit Peter wiederholen zu wollen. Wie konnte ich nur diesen Fehler aller Fehler machen? Peter paßt nicht hierhin – oder die Insel paßt nicht zu ihm. Wie man es nimmt. Alles stört ihn. Alles regt ihn auf. Das Geschrei der Zikaden. Die Hitze. Der Wind. Das Meer mochte er noch nie besonders gut leiden, außerdem gibt es am Strand viel zuviel Steine. Er mag keine Tomaten, und Fisch sowieso nicht, weil der viel zuviel Gräten hat. Außerdem ist alles viel zu teuer. Und die Italiener sind nicht nur die Unzuverlässigkeit in Person, sondern haben auch nur eines im Sinn: uns Touristen übers Ohr zu hauen. Er sieht nur das Negative. Ich kenne ihn kaum wieder.

Und er langweilt sich, versteht nicht, daß ich stundenlang lesen oder auch nur dasitzen und aufs Meer starren kann.

»Hier ist ja überhaupt nichts los. Wie hältst du das bloß aus? Nur Vulkan, Sonne und Meer. Und noch nicht mal eine anständige Kneipe.«

Die wenigen Lokale, die es hier gibt, behagen ihm nicht. Die sind ihm zu primitiv. Und außerdem gibt es da nur Fisch. Steht mal ein Hähnchen auf der handgeschriebenen Speisekarte, so kann ihm das leider nicht serviert werden, weil der Gast am Nebentisch gerade das letzte gegessen hat oder weil die Schiffe bestreikt werden oder die Versorgung nicht so klappt, wie sie soll. Das ist dann ein weiterer Punkt auf der Negativskala, und ich muß mir einen langen Vortrag über Vorratswirtschaft anhören. Und die ganze Insel ist sowieso eine Zumutung.

Heute nachmittag bin ich explodiert, habe ihm alles an den Kopf geworfen, was mich wahnsinnig macht. Seine Ignoranz. Seine Borniertheit. Seine Sturheit. Sein Egoismus. Er hätte wissen müssen, daß er sich hier nicht wohl fühlt. Dann wären wir woanders hingefahren.

»Ich habe es satt, den ganzen Tag die Luft anzuhalten, ob du gleich wieder wegen irgendeiner Kleinigkeit ausrastest. Warum machst

du alles kaputt, was mir wichtig ist? Ich verlange ja gar nicht, daß du diese Insel auch liebst. Aber versuche bitte meine Gefühle zu respektieren. Für mich ist dieser Ort sehr wichtig. Ich brauche ihn. Du brauchst gar nicht darüber zu lachen.«
Ich bin mittlerweile den Tränen nahe. Albern. Ich weiß. Aber es ist nun mal so. Ich kann dieses kleinliche, engstirnige Gemecker nicht mehr ertragen. Wieso verhält er sich so? Was stört ihn? Da muß doch mehr dahinterstecken. Warum ist er so verbiestert? Ob es was mit meinen Gefühlen für die Insel zu tun hat? Würde er mich vor die Alternative stellen – ich oder Stromboli –, ich würde das zweite wählen. Vielleicht merkt er das?
Und dann nimmt er mich in den Arm – ist wieder der Peter, den ich kenne. Er meine das doch alles gar nicht so. Ja, vieles hier ärgere ihn. Aber wenn mich das so belaste, dann werde er sich ab sofort bemühen, nur noch die positiven Seiten zu sehen. Ob er denn wirklich so ein Ekel sei? Dann bitte er vielmals um Entschuldigung. Er spielt den wahrhaft Zerknirschten und gelobt theatralisch Besserung. Ich muß lachen. Aber ein leiser Stachel bleibt.

Am Abend lädt er mich zum Essen ein. Ich darf mir das Lokal aussuchen. Die Auswahl ist nicht üppig, es gibt drei Möglichkeiten. Zwei bedeuten Fischgerichte, also wähle ich die dritte. Dort gibt es Pizza.
Er sitzt mir am Tisch gegenüber und lächelt mich an. Plötzlich begreife ich meinen Ärger überhaupt nicht mehr. Diese blödsinnigen Streitereien sind doch lächerlich. In diesem Augenblick bin ich zu allen Friedensangeboten bereit. Eine Welle von Zärtlichkeit schwappt über mir zusammen. Wie ich dieses Gesicht mit den schrägen Augen liebe. Ich darf nicht zuviel von ihm verlangen. Vielleicht setze ich ihn doch zu sehr unter Druck, erwarte doch mehr, als mir bewußt ist, daß er dieses Stück Erde mit den gleichen Augen betrachtet wie ich. Aber andererseits, wenn er das nicht tut, wenigstens ein bißchen, ist es so, als würde er einen wesentlichen Teil meines Ichs nicht akzeptieren. Kann ich damit leben?
»Und jetzt stürzen wir uns ins Nachtleben«, unterbricht seine Stimme meine grüblerischen Gedanken.

»Was hast du gesagt?«
»Daß wir heute nacht einen draufmachen. Wir gehen einen trinken.«
Leider habe ich gar keine Lust, mit ihm in diese Bar zu gehen, die den Namen wohl kaum verdient. Es ist unerträglich laut dort, und da wird man wirklich übers Ohr gehauen.
»Geh schon mal vor. Ich komme nach. Ich möchte erst noch zum Hafen.«
Es gibt für mich nichts Schöneres, als ein Schiff kommen und gehen zu sehen. Ich liebe diese Abschiede, wenn sie mich nicht betreffen.
»Was willst du denn da schon wieder? Was gibt's da denn zu sehen? – Das hat doch garantiert wieder Verspätung. Pünktlichkeit kennen die hier doch nicht.«
Ich sehe ihn an mit seinem wütenden, verkniffenen Gesicht.
»Bitte, Peter, laß mir doch den Spaß. Nur eine halbe Stunde.«
Ihn da abzuholen ist für mich schon der größtmögliche Kompromiß, mein Friedensangebot. Für Peter bin ich allerdings mal wieder der Spielverderber.
»Wie du willst.«
Er steht auf und geht. Ich konzentriere mich auf seinen Nacken, halte mich an dem verwaschenen Karo seines Hemdes fest, um ihm nicht nachzulaufen. Ich möchte ihn immer noch anfassen, ihn spüren, möchte mir gerne noch ein bißchen länger das Gefühl erhalten, daß ich ihn liebe.

Peter hat recht. Das Schiff hat Verspätung. Der Wind hat gedreht. Es wird Sturm geben. Die Stufen der Treppe zum Hafen sind noch warm. Ich setze mich, sehe den aufgeregten Menschen zu, die beschwörende Blicke zum Himmel schicken. Wie schön, daß ich noch nicht abfahren muß. Ein wohliges Gefühl kriecht langsam die Beine hoch, kribbelt im Rücken und macht mir den Bauch warm.
Der Alte kommt die Treppe herunter, den unentbehrlichen verschnürten Sack über der Schulter. Die alte, speckige Kapitänsmütze, die er immer trägt, hat er in den Nacken geschoben. Er

bleibt neben mir stehen, stumm – nach einer ziemlich langen Zeit sagt er:
»Die Heiligen sind mit Ihnen, Signora.«
Dann schlurft er weiter die Stufen hinunter.
Sind sie das? Hoffentlich. Ich kann es gebrauchen. Heute morgen habe ich dem heiligen Bartolo eine Geranie gebracht. Ich unterhalte mich oft mit ihm. Sein wächsernes Puppengesicht hinter der dreckigen halbblinden Glasscheibe sieht mich immer sehr aufmerksam an. Offensichtlich bin ich nicht die einzige, die ihn besucht, denn in der Mauernische, in der man ihn aufgestellt hat, liegen immer Blumen.
»Einen Drink für die Dame.«
Ich habe Peter nicht kommen hören, sehe ihn erst, als er mir das Glas vor die Nase hält. Er setzt sich neben mich. Ich spüre seine Schulter, seine Wärme, als er den Arm um mich legt. Die Geranie hat geholfen. Ich habe es doch gewußt. Auch Heilige sind bestechlich. Zumindest in Italien.

Sie bleiben mir auch noch die nächsten Tage wohlgesonnen. Es wird doch noch ein schöner Urlaub, wenn ich auch die ganze Zeit unter einer leisen Anspannung stehe. Denn natürlich ist nicht plötzlich alles eitel Sonnenschein. Aber Peter gibt sich Mühe und ich auch.
»Siehst du«, sagt er stolz, »ich bin lernfähig. Lob mich mal.«
Ich tue ihm den Gefallen.

Nach unserer Rückkehr reden wir noch einmal ausführlich über mein »Stromboli-Syndrom«, wie er es nennt. Es ist so, wie ich vermutet habe, er fühlte sich in gewisser Weise erpreßt. Er hatte diese Insel zu mögen, oder er war in meinen Augen weniger wert. Ich hätte ihm gar keine Chance zu einer differenzierten Beurteilung gegeben. So zumindest hat er es empfunden. So schlimm es auch ist, er hat sicherlich recht.

»Wenn es so ist, sollte ich vielleicht das nächste Mal allein fahren oder die Kinder mitnehmen.«
Das hält er nun für keinen besonders guten Kompromiß. Er will schon mit dabeisein.
»Aber es muß ja nicht jedes Jahr sein. So alle zwei bis drei Jahre – darüber lass' ich mit mir reden. Das ist dann aber auch genug. Weißt du«, und er fängt an, mir eine Landkarte auf den Bauch zu malen, »es gibt noch so viele schöne Flecken auf der Welt, wo man seinen Urlaub verbringen könnte. Zum Beispiel Südamerika.«
Warum fühle ich mich plötzlich so eingeengt? Weil er mich verplant, ohne mich zu fragen? Peter ist mittlerweile im südlichen Teil von Chile angekommen und plaziert Feuerland an eine bei mir sehr sensible Stelle. Diese Empfindungen schieben mein Unbehagen erst einmal beiseite.

Wir haben wieder einmal ein Wochenende ganz für uns allein, nachdem wir uns einen Monat kaum gesehen hatten. Jeder von uns hatte nach dem Urlaub einiges aufzuarbeiten, und außerdem wollten die Kinder mich wieder einmal ganz für sich haben. Ein legitimer Anspruch. Aber jetzt habe ich meine drei turnusmäßigen kinderfreien Tage. Und es ist immer noch so: Wenn ich bei Peter zu Besuch bin, macht er daraus ein Fest. Diesmal hat er eine ganz besondere Überraschung für mich.
»Was hältst du davon, wenn wir heiraten?«
Das trifft mich voll in den Magen. Auf diesen Schock war ich nun wirklich nicht vorbereitet.
»Ja, würdest du mich denn heiraten wollen?«
»Das genau habe ich mich in der letzten Zeit gefragt. Wir sind schon ein ziemlich altes Liebespaar. Und zwischen uns läuft es doch ganz gut. Warum sollten wir nicht heiraten. Was meinst du?«
Ja, was meine ich. Der Schreck sitzt mir noch in den Knochen, und meine erste Reaktion heißt für mich ganz klar »nein«. Feigheit? Sicher. Auch. Da gibt es immer noch ein paar Narben auf meiner Seele. Aber vielleicht sollte ich denen endlich einmal nicht mehr so viel Beachtung schenken. Peter als mein Mann? Kann ich mir das vorstellen? Ein Zusammenleben mit ihm und den Kindern? Und

was ist mit seinem Interesse für andere Frauen? Ich ignoriere zwar mittlerweile die besagte Schublade, aber könnte ich auch einen Betrug in unserer Ehe tolerieren? Dieser Schritt bedeutet für mich immer noch die Entscheidung für eine grundsätzliche Ausschließlichkeit. Und ich glaube nicht, daß Peter das auch so sieht. Und was wird aus meinen beruflichen Ambitionen? Es ist noch zu früh, mich zu entscheiden. Ich kann zu diesem Thema noch nichts sagen. Ich muß Zeit gewinnen.

»Frag mich in einem Jahr noch mal, was ich davon halte. Im Moment weiß ich es noch nicht.«

Er ist richtig ein bißchen beleidigt, daß ich auf sein Angebot nicht so reagiere, wie er es erwartet hat.

»In einem Jahr habe ich es mir vielleicht anders überlegt.«

Das Risiko muß ich eingehen. Doch froh macht es mich schon, daß er mich gefragt hat. Aber nichts überstürzen.

Montag abend, ich sitze friedlich mit meinen Kindern beim Abendessen, fragt mich plötzlich Lisa:

»Warum heiratest du den Peter eigentlich nicht?«

»Wie kommst du denn darauf?«

»Na ja«, meine Tochter beißt ungerührt in ihr Schinkenbrötchen, »ihr seid jetzt schon so ein altes Liebespaar, da könnt ihr auch heiraten.«

Wortwörtlich das gleiche hat Peter gesagt. Es sind doch hoffentlich hinter meinem Rücken nicht irgendwelche konspirativen Kräfte aktiv? Das schätze ich gar nicht.

Katja, die von der Frage offensichtlich genauso überrascht wurde wie ich, fährt ihre kleine Schwester an:

»Mami heiratet nie mehr und bestimmt nicht den Peter.«

Schon wieder wird über mich bestimmt. Doch auch von meinen Kindern habe ich das nicht so gern.

»Einen Moment. Ich denke, die Frage habe ich zu entscheiden und nicht du.«

»Aber uns mußt du auch fragen.« Philip hat keinen Zweifel daran, daß seine Haltung zu diesem Problem sehr wichtig ist. Mich interessiert sie auch. Ich möchte schon wissen, wie sie dazu stehen.

»Also, dann frage ich euch. Was haltet ihr davon, wenn Peter und ich heiraten?«
Katja zuckt sichtlich zusammen.
»Warum fragst du das jetzt? Willst du denn wieder heiraten?«
»Im Augenblick noch nicht, aber manchmal denke ich schon darüber nach.«
»Also, ich bin dafür.« Der erste verständliche Satz von Lisa. Sie hat ihr Brötchen aufgegessen. »Dann sind wir auch wieder eine richtige Familie.«
Das trifft mich.
»Ich glaube – ich bin auch dafür. Den Peter darfst du heiraten. Der ist nett, und Jan meint das auch.«
Mit einem undefinierbaren Laut, der wohl Zustimmung sein soll, gibt der zu erkennen, daß er der gleichen Meinung wie sein Bruder ist. Aber dann kommt doch noch ein Nachsatz:
»Den Peter mag ich, aber ob ich ihn den ganzen Tag mag, das weiß ich nicht. Und wenn Mami den heiratet, dann muß er ja auch bei uns wohnen.«
Doch hier weiß Lisa Rat.
»Dann ziehen wir eben in ein Haus. Hier können wir dann nicht bleiben. Wenn wir wieder einen Mann haben, brauchen wir Platz.«
Kluges Kind. Ob sie weiß, wie recht sie hat? Katja hat meine Frage noch nicht beantwortet. Ich sehe sie an.
»Und was hältst du davon?«
»Ich bin dagegen.«
Lisa nimmt noch ein Schinkenbrötchen. Mit einem schrägen Seitenblick auf ihre Schwester schießt sie einen Pfeil ab:
»Du bist ja nur dagegen, weil du sauer bist, daß Peter in Mami verliebt ist und nicht in dich.«
Blitzschnell ist Katja aufgesprungen und hat ihre Schwester an den Haaren, zerrt sie vom Stuhl und schlägt mit der anderen Hand auf sie ein. Ich kann gar nicht so schnell dazwischen.
»Katja, hör auf. Bist du verrückt geworden? Was soll das?«
»Sie soll das zurücknehmen. Lisa soll das zurücknehmen. Sie darf das nicht sagen.«

»Wieso nicht«, kreischt die Kleine zurück, »wenn's doch wahr ist.«
Mit Mühe kann ich die beiden trennen. Die Jungen schauen der ganzen Aktion ungerührt zu. Ich hätte nicht gedacht, daß Katja so viel Kraft hat. Die Tränen laufen ihr übers Gesicht. Sie schreit uns an:
»Ich hasse euch! Ich hasse auch alle! Ich wollte, ich wäre tot!«
Dann reißt sie sich los und rennt aus dem Zimmer.
Ich stehe da und bin ziemlich geschockt. Da kommen Dinge ans Tageslicht, von denen ich keine Ahnung hatte. Um wen kümmere ich mich jetzt zuerst, um Katja oder um die heulende Lisa? Diese kleine Giftspritze. Das hätte ich nicht von ihr gedacht. Sie schaut mich mit solchen tränenverschleierten Unschuldsaugen an. Biest.
»Wir reden später miteinander.«

Katja hat die Tür ihres Zimmers von innen verschlossen, öffnet auch nicht, als ich lange klopfe und sie bitte, mich reinzulassen. Ich muß zugeben, ich bin ein bißchen erleichtert darüber, denn ich weiß noch gar nicht, wie ich auf den Vorfall reagieren soll. Daß ich für eine meiner Töchter eine Rivalin sein könnte, auf den Gedanken war ich noch nicht gekommen.

Katja verbringt auch den Rest des Abends in ihrem Zimmer. Die Tür bleibt zu, auch als es Zeit für Lisa ist, schlafen zu gehen. Die nimmt das als günstige Gelegenheit, um in mein Bett zu kriechen. Sie kuschelt sich unter meine Decke und hat noch immer diesen Unschuldsblick. Ich versuche ihr zu erklären, wieso sie ihre Schwester so verletzt hat. Ich bin mir allerdings nicht sicher, ob sie nicht genau das beabsichtigt hatte und ganz genau wußte, was sie tat. Aber sie hört mir ruhig zu und verspricht mir auch, sich morgen früh bei Katja zu entschuldigen.
Ich mache einen letzten Versuch an der verschlossenen Tür. Diesmal ist es nicht vergeblich. Sie macht auf, wehrt aber ab, als ich sie in die Arme nehmen will.
»Es ist schon gut. Ich habe mir's überlegt. Wenn du Peter heiraten

möchtest, dann tu's. Aber ich will nicht mehr darüber reden. Gute Nacht.«
Sie läßt mich stehen, wirft sich auf ihr Bett und dreht sich zur Wand. Ich möchte sie gerne trösten, streicheln. Aber ich weiß, das darf ich ihr jetzt nicht antun.

Beim Frühstück ist ihr Gesicht immer noch angestrengt ernst. Es tut mir weh. Sie nimmt zwar mit einem knappen »Ist schon gut« die Entschuldigung von Lisa an. Sonst sagt sie nichts. Wie soll ich denn dieses Problem nun wieder lösen?
Es ist gut, daß Peter nächstes Wochenende nicht da ist. Das gibt mir ein bißchen Zeit, mich auf diese neue Situation einzustellen. Sicher muß ich in Zukunft versuchen, etwas vorsichtiger mit meinen Liebesbezeugungen für Peter umzugehen, wenn Katja in der Nähe ist. Ich weiß noch nicht, wie ich das machen soll, ohne mich völlig zu verkrampfen. Aber ich möchte alles vermeiden, was auf sie wie eine Provokation wirken könnte. Ich muß es vor allem Peter sagen, sonst weiß der gar nicht, wo er dran ist. Und vielleicht ist es auch besser, wenn er mit den Mädchen nicht mehr so ungeniert flirtet.

Aber als wir uns wie jeden Morgen vor dem Kaffeeautomaten treffen – diese täglichen fünf Minuten sind für uns schon fast so etwas wie ein Ritual geworden –, mag ich ihm plötzlich von der gestrigen Szene und ihren Hintergründen nichts mehr erzählen. Jetzt kommt es mir wie ein Verrat an meiner Tochter vor. Außerdem komme ich sowieso nicht dazu. Der Chefredakteur kommt den Flur entlang und spricht mich an.
»Gut, daß ich Sie treffe. Ich wollte es Ihnen schon letzte Woche sagen. Ihre Sonderbeilage war ausgezeichnet. Ich habe viel positive Resonanz bekommen. Sie sind mittlerweile ein Begriff in dieser Stadt.«
Jetzt legt er doch tatsächlich den Arm um mich und wendet sich an Peter.
»Ich hoffe, Sie wissen zu schätzen, wen Sie da erobert haben. Sie ist auf dem besten Wege, eine sehr gute Journalistin zu werden.«

Nun klopft er mir zu allem Überfluß auch noch väterlich auf den Rücken.
»Weiter so!«
Und damit schreitet er davon.
»Na, da hast du ja eine tolle Eroberung gemacht. Der Alte ist eben empfänglich für weibliche Reize.«
Was soll denn diese dämliche Bemerkung? Was haben denn meine weiblichen Reize mit meinen journalistischen Fähigkeiten zu tun? Was ist denn mit dem los? Peter ist sauer. Das sehe ich ihm an. Um das zu erkennen, braucht es noch nicht einmal seinen letzten Satz:
»Dann gutes Schaffen, und bastele schön weiter an deiner Karriereleiter!«
Und weg ist er. Schon wieder ein Konflikt, mit dem ich nicht gerechnet hatte. Eine Rivalität zwischen Peter und mir. Er hat mir in den letzten Monaten viel geholfen. Ich dachte immer, er sei stolz auf mich. Aber vielleicht ist er das nur so lange, wie er das Gefühl hat, daß ich sein Produkt bin und er mit einem gewissen herablassenden Wohlwollen auf mich heruntersehen kann? Doch was wird, wenn ich ein bißchen wachse? Wenn ich denn wirklich zu einer guten Journalistin werde und Erfolg habe, wie kann er damit umgehen? Ein bißchen viel, was da in den letzten Stunden über mich hereingebrochen ist. Nichts als ungeklärte Fragen. Und ich stehe dumm da.

»Fröhliche Weihnachten!« O ja, das sind sehr fröhliche Weihnachten. Die Kinder sind bei ihrem Vater, und Peter ist zum Skilaufen, mit einer Kollegin, weil doch ein Doppelzimmer billiger ist. Das bedeute gar nichts, sagt er. Nur weiß ich ja leider allzu genau, wie gut er lügen kann. Ich kenne ihn, glaube ich, mittlerweile sehr gut. Wenn er vor mir wirklich etwas verbergen will, bekommt er sein Rolladengesicht. Rums ist der Laden unten. Eigenartig, es liegt nur an den Augen. Die sind plötzlich ganz undurchsichtig. Die Frauennamen, bei denen er Rolladenaugen bekommt, beunruhigen mich am meisten.
Peter hatte in den letzten Wochen sehr wenig Zeit für mich. Da regte sich in meiner Seele wieder der alte Verdacht. Gibt es eine neue Flamme? Manchmal überfällt mich entgegen meinen guten Vorsätzen der Wunsch, ihm nachzuspionieren. Dann stelle ich mir vor, wie ich ihn auf frischer Tat ertappe, wie ich schreie und tobe und ihm endlich einmal die große Szene mache, die ich ihm sowieso nie machen werde.
Warum muß es ausgerechnet Peter sein. Der charmanteste Egoist, der mir je begegnet ist. Und in so etwas muß ich mich verlieben. Daß er ohne mich in Urlaub fährt, wurde auch nie in Frage gestellt.
»Du kannst ja mitkommen. Ich habe ein Doppelzimmer gebucht. Lass' die Blagen bei deinem Ex-Mann und fahr mit.«
Nett hat er das gesagt. Mein Ex-Mann hat auch ein Doppelzimmer gebucht, für sich und seine Frau. Auch er fährt gern Ski. Deshalb sind die lieben Kleinen auch morgen früh schon wieder da. Und ich fahre nicht in Urlaub.
Peter hat reagiert, als ob ich nur hierbleibe, um ihm zu zeigen, wie wenig er mir bedeute.
»Wenn du wirklich mitfahren wolltest, würdest du sicher einen Platz finden, wo deine Schätzchen bleiben könnten. Wie lange

willst du die eigentlich noch beglucken? Es hängt mir zum Hals
raus. Die Blagen hinten. Die Blagen vorn. ›Das kann ich den Kindern nicht antun! – Ich kann nicht wegen der Kinder! – Heute nicht.
Ein Kind ist krank!‹ Ich kann es nicht mehr hören.«
Von seiner Warte aus betrachtet, hat er sicherlich recht. Aber ich
sehe es natürlich ganz anders. Die Kinder sind viel zuviel sich selbst
überlassen. Da kann ich sie doch nicht einfach in irgendein Kinderheim oder sonstwohin schicken. Ganz abgesehen davon, daß mir
ein »Sonstwohin« auch gar nicht einfällt. Unsere »Großeltern« sind
bei ihren richtigen Enkeln über die Feiertage. Das kann man ihnen
nicht verdenken. Und meine Großmutter kann ich nicht zum Kinderhüten zu mir einladen, nicht in ihrem Alter. Und selbst wenn…
Ich will auch nicht. Ich kann mir Weihnachten ohne die Kinder
nicht vorstellen. Und was sie zu der Idee, mit Peter an diesen Tagen
wegzufahren, gesagt haben würden, ist klar.
»Kommt überhaupt nicht in Frage. Du bleibst hier.«
An Heiligabend sind wir besonders traurig, wie gestern abend auch
wieder. Dann wird viel erzählt, wie es früher war. Und gerade
deshalb brauchen wir uns, um uns aneinanderzukuscheln.
Und was sagt mir da der Vater meiner Kinder, als er sie heute
morgen abholt:
»Wir haben das Gefühl, du vernachlässigst die Kinder.«
Aha. Wenn er es sagt, wird es schon stimmen. Und weil das so ist,
sitze ich am ersten Weihnachtsfeiertag mutterseelenallein in meiner
Sofaecke. Das sind gefährliche Momente. Da kriechen die Zweifel
hoch, ob das alles richtig war, was ich gemacht habe. In dieser
Gemütslage bin ich besonders anfällig für Überlegungen, ob wir
uns nicht doch endlich wieder einen Mann und Vater suchen sollten. Doch wen? Peter vielleicht, falls er seinen Antrag wiederholen
sollte?
Das Jahr ist bald um. Ich habe immer noch Zweifel, ob das Gefühl
zwischen uns stark genug ist, um eine Ehe auszuhalten. Ich schiebe
diesen Zweifel immer weit von mir weg. Aber ich weiß, er ist da.
Und seine ständige Untreue. Ich habe die Hoffnung aufgegeben,
daß er sich in dieser Beziehung ändert. Wie sollte das gehen? Und
ich mittendrin. Lieber nicht.

Und von Peter mal ganz abgesehen, ich glaube, ich bin grundsätzlich noch nicht soweit, mein Leben wieder tagtäglich auf einen Partner einzustellen. Wenn ich ganz ehrlich bin, ich bin noch lange nicht soweit. Noch sitzt der Schock mir allzutief in den Knochen, mit dem mich die Erkenntnis überraschte: Ich laufe in einem Leben herum, das nicht mir gehört. Und das hat nun kein Partner verdient, daß ich noch mal von ihm erwarte, daß er das, was ich in meinem Leben nicht leben kann, doch bitte ersetzen möge.

Trotzdem, wenn Peter wenigstens die Weihnachtsfeiertage noch hiergeblieben wäre. Aber Weihnachten findet er zum Kotzen, vor allem in Familie. Da kann man nichts machen. In solchen Momenten vermisse ich Franziska besonders stark. Sie hat ihren Computermenschen nicht geheiratet, sondern dessen Glück durch ihren Umzug in eine andere Stadt gerettet. Sie hat dort am Theater Hans getroffen. Es gehe ihm gut. Er habe großen Erfolg. Und er sei immer noch nicht verheiratet. Ich weiß gar nicht, warum ich mich darüber gefreut habe.

Es wird Zeit, am Ende eines weiteren Jahres meiner Selbständigkeit Bilanz zu ziehen, einmal wieder in aller Ruhe über mich nachzudenken. Mein Beruf ist mir sehr wichtig geworden. Anerkannt zu werden ist etwas sehr Schönes. Es gibt einem Selbstvertrauen. Daß es Menschen gibt, die meine Meinung schätzen und mich für ein sehr vernünftiges Mitglied der Gemeinschaft ansehen, ist ein gutes Gefühl. Ich zähle jetzt auch nicht mehr im Spiegel meine grauen Haare, weil die Wertschätzung meiner Mitmenschen nichts mit meinen weiblichen Reizen zu tun hat. Hast du gehört, Peter? Warum sollte ich mich also fürchten, älter zu werden? In meinem Angsttrichter habe ich schon lange nicht mehr gesessen. Ich glaube, es gibt ihn gar nicht mehr. Oder die Wände sind so niedrig, daß ich ihn überhaupt nicht mehr bemerke. Ich bin mittlerweile so mutig geworden, daß ich sogar mit dem Gedanken spiele – ganz heimlich –, mir vielleicht eine andere Stelle zu suchen. Ich komme an meiner Zeitung nicht weiter. Meine Arbeit entwickelt sich nicht so, wie ich es gerne möchte. Nach wie vor stellt man

sich taub, wenn ich vorsichtig anfrage, wann ich denn in die Politik überwechseln kann. Ich bin mir nicht sicher, ob Peter da nicht seine Hand mit im Spiel hat. Der hält nämlich gar nichts von meiner Idee.
»Bleib du im Lokalen. Da bist du gut aufgehoben.«
Wir haben uns richtig gestritten. Krankhaften Ehrgeiz hat er mir vorgeworfen. Aber ich weiß, daß ich in dieses Ressort will. Unbedingt. Vielleicht nicht bei dieser Zeitung, denn mich reizt die Vorstellung auch nicht so besonders, Peter auch noch beruflich Rechenschaft ablegen zu müssen. Mein Traum ist es, trotz meines späten Berufseinstiegs es einmal bis zur Auslandskorrespondentin zu schaffen. Fremde Länder reizen mich schon immer. Und ich stelle mir vor, daß die Kinder ganz begeistert wären über das, was sie alles kennenlernen dürften. Hoffentlich irre ich mich da nicht. Aber ich bin mir sehr sicher, daß ich in meiner jetzigen Position nicht mehr lange bleiben kann.

Als ich die Tür zu meinem Büro öffne, leuchtet es mir von meinem Schreibtisch rot entgegen. Nein. Nicht schon wieder. Mir steigt die Galle hoch. Immer häufiger schmiert dieser Mensch in meinen Manuskripten rum. Es macht mich wahnsinnig. Zugegeben, er ist mein direkter Vorgesetzter, aber das berechtigt ihn meiner Meinung nach nicht, meine Texte zu entstellen. Und immer mit Rot. Ich komme mir vor wie in der Schule. Es fehlt bloß noch, daß er unten drunter »mangelhaft« schreibt.

Ich kenne das Spielchen schon zur Genüge – alle brisanten Sätze sind rausgestrichen oder durch Formulierungsänderungen verharmlost. Natürlich nur im Interesse einer objektiven Sachlichkeit. »Wir wollen berichten, nicht provozieren.« Und der Gipfel ist der Zettel, den er darangeheftet hat: »Bitte schauen Sie sich Ihren Text doch noch einmal an. Ich habe mir erlaubt, einige Änderungsvorschläge zu machen.«

Von wegen Vorschläge! Das kenne ich. Wie viele endlose Diskussionen habe ich mit seinen »Vorschlägen« schon hinter mich gebracht. Wieviel nutzlos vergeudete Energie darauf verwendet, ihm den einen oder anderen Satz abzutrotzen. Huldvoll läßt er sich ab und zu auf einen Kompromiß ein, gibt mir damit das Gefühl, einem trotzigen Kind einen Gefallen getan zu haben.

Und dieser gönnerhafte Nachsatz: »Sie werden das schon hinkriegen.« Nichts werde ich hinkriegen. Ich schmeiße seinen gelben Zettel in den Papierkorb. Schluß! Ich kann mir das nicht länger gefallen lassen. Schließlich will ich morgen früh noch in den Spiegel gucken können.

Ich greife mir mein Manuskript und stürme in sein Büro. Er ist überrascht.

»Ach, bringen Sie schon den geänderten Text? Das ist ja prima. Aber so setzen Sie sich doch. Ich muß nur noch einen kurzen Anruf tätigen.«

Das gehört auch zu seinem Repertoire. Wenn man in sein Zimmer kommt, greift er mit Vorliebe nach dem Hörer, um ein sehr wichtiges Gespräch zu führen. Mit dem Chefredakteur, dem Werbechef, irgendeinem anderen Ressortleiter oder mit einer Person des öffentlichen Lebens. Da sieht der Besucher/die Besucherin doch gleich, welch bedeutender Person er/sie gegenübersitzt. Und es sind immer sehr brisante Themen, die er dann anspricht. Ich habe den Verdacht, er hat für diese Fälle irgendwo ein Zettelkästchen mit Notizen, alphabetisch geordnet, die er jederzeit beliebig verwenden kann. Der glühende Ball in meinem Magen wird, während er spricht, größer und größer. Keine gute Voraussetzung für eine sachliche Unterredung. Endlich legt er den Hörer auf.

»Ach, bevor ich es vergesse, der Kollege Werner ist krank. Ich darf doch auf Sie zählen, daß Sie einige seiner Termine wahrnehmen.« Er versucht sein gewinnendstes Lächeln, das allerdings bei meinen nächsten Sätzen schnell verschwindet.

»Nein. Sie dürfen nicht auf mich zählen. Ich bin in der letzten Zeit sehr oft für Kollegen eingesprungen. Ich denke, daß jetzt einmal jemand anderes an der Reihe ist. Ich weiß, daß die Kollegin Immelmann und auch Herr Markus in der letzten Zeit keinerlei zusätzliche Dienste übernommen haben. Ich schlage vor, daß Sie die beiden mal fragen.«

Er rückt seine Brille zurecht und sieht mich erstaunt an.

»Na, na, na! Was ist denn los? Warum so schroff?« Er bemüht noch einmal sein Lächeln. »Ich habe Sie doch in den letzten drei Jahren als eine sehr kompetente und vor allem kooperative Mitarbeiterin schätzen gelernt.«

»Ich denke, kooperativ bin ich immer noch. Aber ich halte nichts davon, wenn man mit dem Argument der Kooperationsbereitschaft Mißbrauch treibt. Ich habe nicht gerne das Gefühl, daß ich ausgenutzt werde.«

»Um Gottes willen!« Jetzt wird er melodramatisch und breitet seine Arme wie ein segnender Heiland aus. »Wenn das bei Ihnen so angekommen sein sollte, dann tut es mir wirklich leid. Natürlich werde ich die Kollegin und den Kollegen fragen. Zufrieden?« Er wartet meine Antwort nicht ab, sondern greift nach meinem

Manuskript, das ich vor mir auf seinen Schreibtisch gelegt habe.
»Darf ich mal sehen?« fragt er noch überflüssigerweise, denn er hat ja schon längst zugegriffen. Dann schaut er doch etwas konsterniert. »Ich kann keine Änderungen Ihrerseits erkennen. Heißt das, daß Sie meine Vorschläge samt und sonders übernehmen?«
»Nein. Das heißt es nicht.«
Ich bemühe mich um einen sachlichen Tonfall.
»Es heißt, daß ich nicht bereit bin, mein Manuskript zu ändern.«
Jetzt ist er verblüfft.
»Aber, aber. So kenne ich Sie ja gar nicht.«
Sein Mündchen wird ganz spitz. Er ist eigentlich kein übler Kerl, kollegial, trotz seiner Mätzchen, mit denen er glaubt, zeigen zu müssen: Ich bin hier der Chef. Aber es gibt die eine oder andere Geste oder irgend etwas in seiner Mimik, das bringt mich auf die Palme. Und seine Feigheit. Ja, die nehme ich ihm auch übel. Er weiß Bescheid, versteht seinen Job, er ist intelligent, hat ein genaues Gespür für Sprache, und ich habe viel von ihm gelernt. Aber seine panische Angst, jemandem auf den Schlips zu treten, das halte ich nicht mehr aus.
»Wenn ich Ihre Änderungsvorschläge annehme, ist das nicht mehr mein Artikel. Sie verzeihen, aber es wäre überhaupt kein Artikel mehr, sondern nur noch Gerede. Unverbindliches Gerede. Sie kennen meine Meinung. Ich finde, in einem Kommentar muß man Stellung beziehen, besonders bei solch einem Thema. Ich kann die Vorfälle in unserer Stadt nicht mit: ›Ja – aber andererseits‹ beschreiben. Ich kann es auf jeden Fall nicht, weil es verantwortungslos wäre.«
Jetzt ist er rot angelaufen.
»Was erlauben Sie sich denn? In welchem Ton reden Sie denn mit mir?«
»In einem sachlichen, hoffe ich. Ich bemühe mich nur, Ihnen meine Haltung zu verdeutlichen. Dieser Artikel wird so gedruckt, wie ich ihn geschrieben habe, oder ich ziehe ihn zurück.«

Es überrascht mich jetzt doch, daß er losschreit. Damit hatte ich nicht gerechnet.
»Noch habe ich zu bestimmen, welchen Tenor ein Artikel hat, der in meiner Redaktion geschrieben wird. Merken Sie sich das! Und wenn Sie dieses Manuskript zurückziehen, dann ist das schlicht Arbeitsverweigerung. Und welche Konsequenzen das haben kann, brauche ich Ihnen ja nicht erst zu erläutern.«
Diese unverhohlene Drohung macht mich nur noch wütender. Ich versuche trotzdem, ruhig zu bleiben.
»Sie müssen mir nicht drohen. Ich bin bereit, die Konsequenzen, auf die Sie anspielen, zu tragen. Wenn es unmöglich ist, daß ich meine Arbeit so machen kann, wie ich das für notwendig halte, dann muß ich kündigen.«
Er versucht, sich wieder etwas herunterzuschrauben.
»So habe ich das nicht gemeint. Warum spielen Sie das denn so hoch?«
»Weil ich muß.«
Jetzt versuche ich es mit einem Lächeln.
»Es tut mir sehr leid, aber ich kann nicht anders.«
»Ich kenne Sie wirklich nicht wieder. Bislang habe ich Sie nur sehr sanft erlebt.«
»Sanft.« Was sollte denn das sein? Wenn er es im Sinne von »manipulierbar« meint, dann irrt er sich. Es ist immer wieder erstaunlich, daß ich so falsch eingeschätzt werde. Das muß an mir liegen. Kompromißbereit? Ja. Kooperativ, um Kollegialität bemüht? Das möchte ich schon für mich in Anspruch nehmen. Aber ein Kompromiß kann doch nur bis zu einer bestimmten Grenze gehen und nicht bis zur Selbstaufgabe. Wenn ich diese Gefahr wittere, werde ich schon sehr radikal, schalte auf stur. Das weiß ich. Aber warum meine Mitmenschen davon immer so überrascht werden, das verstehe ich nicht. Für mein Gefühl gehen bei mir sehr früh die Warnlämpchen an. Ich halte meine Signale für klar erkennbar. Aber wie es scheint, sind sie immer noch nicht deutlich genug. Genau wie in meiner Ehe. Die Fassungslosigkeit meines Mannes, als ich ihm damals sagte: Es geht nicht mehr. Er hat es nicht begriffen. Schrieb es meinen emanzipatorischen Bestrebungen zu, hielt es für ein Ein-

reihen in den allgemeinen Trend, der da »Selbstverwirklichung ohne Rücksicht auf Verluste« heißt. Dabei hatte diese Entscheidung überhaupt gar nichts damit zu tun. Er hatte meinen Stolz tödlich verletzt und es nicht bemerkt.

Immer wieder passiert mir das gleiche. Also muß ich lernen, früher zu schreien. Lauter zu schreien. Aber so eine Erziehung wirft sich ja von heut auf morgen nicht so einfach weg. Wieviel Lüge steckt in meinem jahrelangen Mich-selbst-Zurücknehmen, wieviel Ungerechtigkeit auch den andern gegenüber. Die Menschen, denen ich in meinem Leben begegne, sollen ja trotz meiner Zurückhaltung merken, was mit mir los ist.

Mein Gegenüber unterbricht meine Grübeleien und sieht mich fragend an.
»Ja, und was machen wir jetzt?«
»Ich bleibe dabei. Entweder wird der Artikel so gedruckt, wie ich ihn geschrieben habe, oder ich ziehe ihn zurück.«
»Das ist Ihr letztes Wort?«
»Ja.«
»Ja, dann bleibt uns gar nichts anderes übrig, als dieses Problem mit dem Chef zu erörtern.«
Er greift zum Telefon, diesmal allerdings nur, um seine Sekretärin zu bitten, beim Chefredakteur anzufragen, wann er Zeit für uns habe. Während wir auf die Antwort warten, blättert er in meinem Text, sagt aber kein Wort. Ich sehe auch keine Veranlassung, das Schweigen zu brechen. Fünf Minuten später werde ich gnädig entlassen, nachdem der Termin mit unserem obersten Vorgesetzten geklärt ist.

In meinem Büro werden mir die Knie weich. Ich hasse offene Konfrontationen, bin extrem harmoniesüchtig. Das hat mich schon oft in Situationen gebracht, die ich eigentlich gar nicht wollte. Nur weil mir das Nachgeben angenehmer war als die Auseinandersetzung. Auch mit ein Grund, daß ich so oft falsch eingeschätzt werde. Doch in dieser Beziehung wollte ich mich ja ändern. Und das Gespräch eben war ein Anfang. Offensichtlich aber kostete mich das immer noch sehr viel Kraft. Meine Magennerven sind in Aufruhr. Ich hab' Schmetterlinge im Bauch. Ein Schnaps wäre jetzt nicht schlecht.

Er hat es gespürt. Peter kommt mit der Flasche rein.
»Ich dachte mir, den kannst du jetzt gebrauchen.«
Er gießt jedem von uns einen Doppelten ein. Das wundert mich.
»Du trinkst mit? Brauchst du auch einen?«
Peter trinkt meistens nur Wein. Er greift höchst selten zu härteren Sachen.
»Natürlich brauche ich einen. Also Prost.«
Ich nehme einen kräftigen Schluck. Das tut gut. Die Wärme läuft direkt in den Magen.
»Nun erzähl mal, was war das für ein Auftritt eben, den du bei deinem Chef inszeniert hast.«
»Wieso Auftritt? Was weißt du denn schon wieder davon?«
»Na hör mal, das Geschrei war ja nicht zu überhören. Was war denn los? Stimmt es, daß du gekündigt hast?«
Die Gerüchteküche kocht also bereits. Immer wieder erstaunlich, wie schnell so was geht.
»Wer hat dir das gesagt?«
Das interessiert mich wirklich, woher er seine Neuigkeiten hat. Schließlich habe ich ja erst vor wenigen Minuten das Büro am Ende des Flurs verlassen. Ob die Sekretärin von unserem Chef vielleicht auch mal mit Peter...? Sie sieht schließlich nicht schlecht aus.
Und jünger als ich ist sie auch... Was soll das jetzt? Als hätte ich nichts Besseres zu tun.
»Ist doch egal, wer es mir erzählt hat. Es wird erzählt. Das stimmt doch wohl nicht? Oder?«
Jetzt hat er den berühmten ernsten Ton in der Stimme, mit dem er mich schon öfter ermahnt hat. Den mag ich nicht.
»Nein. Ich habe nicht gekündigt. Es könnte aber sein, daß ich das noch heute tue. Je nachdem, wie das Gespräch heute nachmittag um vier beim Chefredakteur verläuft.«

Seine »Zornesader« über dem linken Auge schwillt an.
»Bist du denn total verrückt geworden? Man schmeißt doch nicht so einfach seinen Job hin. Vor allem nicht in deiner Situation. Dir hängt ja, wenn ich das bemerken darf, noch eine vierfache Verantwortung am Hals.«
»Daran brauchst du mich nicht zu erinnern.«
Er macht mich wütend. Anstatt zu fragen, was mit mir los ist, sich zu erkundigen, wieso, weshalb, warum, fängt er an zu predigen.
»Was heißt, ich bin total verrückt geworden? Du weißt genau, was mein Problem ist. Ich kann das nicht länger hinnehmen. Das ist Zensur.«
»Übertreib nicht. Du weißt genau, daß der Alte nicht glücklich ist, wenn er nicht in jedem Manuskript herumschmieren kann. Das hat doch nichts zu bedeuten. Das macht er doch bei jedem.«
»Dich haben sie schon ganz schön korrumpiert«, greife ich ihn an. »Nichts zu bedeuten! Natürlich hat es was zu bedeuten. Und sogar sehr viel. Er schmiert nicht nur einfach rum, wie du es zu nennen beliebst, sondern er entstellt meinen Text, meine Aussage. Verstehst du das? Ich beziehe eine Position, und er weicht sie auf. Das kann ich nicht akzeptieren.«
»Ach du lieber Gott. Das Thema schon wieder. Du als Retter der Welt. Die Jeanne d'Arc der Wahrheit. Komm zurück auf den Teppich. Sei doch ehrlich. Es geht dir doch gar nicht so sehr um die Sache. Du haßt es bloß wie die Pest, wenn dir jemand reinredet.«
Das trifft. Es könnte etwas Wahres dran sein. Er merkt jetzt, was er gesagt hat, und versucht einzulenken.
»Komm, Schätzchen, mach's halblang. Trink noch einen, und dann überleg mal in aller Ruhe, ob das taktisch gesehen klug war, das Kind mit dem Bade auszuschütten. Rede noch mal mit ihm.«
Das ist gefährlich, wenn mich jemand in den Arm nimmt, wenn ich wütend bin. Dann breche ich gleich zusammen, und es fließen Tränen. Das will ich jetzt auf keinen Fall.
»Ich dachte, wenigstens du verstehst mich. Ich habe es dir doch so oft zu erklären versucht.«
Jetzt wird seine Schulter doch ein bißchen feucht.
»Sicher verstehe ich dich. Wir haben das hier alle mal durchge-

macht. Aber es ist doch eine Frage der Verhältnismäßigkeit der Mittel. Mit Kündigung setzt du gar nichts durch.«
Er schiebt mich von sich weg, sieht mich an.
»Versprich mir, daß du dir in aller Ruhe noch einmal überlegst, wie du dich bei dem Gespräch heute nachmittag verhalten wirst.«
»Ich habe es mir genau überlegt und weiß, was ich tun muß. Ich kann mit faulen Kompromissen nicht leben.«
»Ach, dann mach doch, was du willst.«
Und damit verschwinden er und die Flasche aus meinem Büro und lassen mich ziemlich einsam und verlassen zurück. Warum ist es bloß so verdammt schwierig, sich verständlich zu machen?

Ich habe dann doch nicht gekündigt. Der Konflikt wurde gütlich beigelegt. Der Chefredakteur demonstrierte Verständnis für meine Haltung.
»Gerade Ihre Aufrichtigkeit wird von uns ganz besonders geschätzt und Ihr ehrliches Engagement. Ich gebe Ihnen auch völlig recht, daß ein Artikel um so interessanter ist, je mehr man die persönliche Haltung des Verfassers darin erkennt. Aber andererseits...«
Dieses »Andererseits«, das auf die notwendigen Rücksichten, die im Interesse der Zeitung zwingend sind, Bezug nimmt, das löst das flaue Gefühl in meinem Magen aus. War es richtig, daß ich mich auf den Kompromiß, wenigstens auf drei besonders scharfe Formulierungen zu verzichten, eingelassen habe? Oder war dieser Kompromiß bereits jenseits der Grenze dessen, was ich vor mir verantworten kann? In mir ist ein ungutes Gefühl zurückgeblieben.

Meine Arbeit ist seit diesem Auftritt schwieriger geworden. Das bis dahin doch grundsätzlich freundschaftliche Verhältnis zu meinem Vorgesetzten hat sich merklich abgekühlt. Unsere Gespräche beschränken sich auf das Notwendigste. Er ist höflich distanziert. Ich weiß, er vergißt meine Renitenz nicht. Auch der Chefredakteur hat seitdem nicht wieder seinen Arm um mich gelegt, und auf sein schulterklopfendes »Weiter so!« muß ich auch verzichten.

Kommt es mir nur so vor, oder ist es wirklich so, daß man seitdem bei brisanten Themen lieber auf den Kollegen Markus zurückgreift? Ich habe in letzter Zeit ein bißchen viel über Kaninchenzüchter und Schultheateraufführungen berichten müssen.

Jedenfalls sehe ich es als einen Wink des Schicksals an, als ich zwei Wochen später in einer überregionalen Zeitung diese Anzeige lese. Eine Position in einer Nachrichtenredaktion ist zu besetzen. Der Stellenbeschreibung nach wäre es genau das, was ich suche. Aber habe ich bei so einer renommierten Zeitung überhaupt eine Chance? Eine erfahrene Journalistin wird gesucht. Gilt das für mich? Von dem einen Jahr Volontariat mal abgesehen, habe ich gerade zweieinhalb Jahre Praxis vorzuweisen. Ob das ausreicht? Wahrscheinlich nicht. Und an die anderen Probleme, die eine berufliche Veränderung mit sich bringen würde, wage ich gar nicht zu denken. Eine Wohnung finden, die ich bezahlen kann – und das in dieser Stadt. Wer nimmt schon eine alleinerziehende berufstätige Mutter mit vier Kindern, einem Hund und einer Katze? Die Kinder müßten die Schule wechseln, nicht nur das, sie kämen in eine völlig neue Umgebung, müßten ihre Freunde zurücklassen, unsere »Adoptiv-Großeltern«. So viele Abschiede. Einfach wäre das für sie nicht. Für uns alle nicht. Denn auch rein praktisch betrachtet, ist ein Umzug das letzte, was ich gebrauchen kann. Hier hat sich unser Alltag trotz aller Schwierigkeiten irgendwie eingespielt. Das müßte alles neu organisiert und aufgebaut werden. Aber hinschreiben kann ich ja mal. Meinen Marktwert testen. Ich versuche es einmal. Das klappt sowieso nicht. Ich sage noch niemandem was davon.

Als Wochen später der Brief im Kasten liegt, mit dem man mich zu einem persönlichen Gespräch einlädt, weil meine Bewerbung »auf großes Interesse gestoßen sei«, kann ich mich zuerst gar nicht freuen. Das kommt erst ganz langsam. So ungeeignet scheine ich also gar nicht zu sein. Interesse ist schon mal was Positives. Ganz egal, wie das Gespräch ausgeht. Ganz egal ist es mir natürlich nicht. Aber trotzdem.

Aber bevor ich dorthin fahre, muß ich erst einmal mit den Kindern reden, ihnen meine Tat beichten, sie fragen, wie sie zu einem eventuellen Umzug stehen. Die Begeisterung ist nicht überwältigend. Zuerst sagen sie überhaupt nichts. Dann reden alle durcheinander. Der Tenor ist einstimmig: auf gar keinen Fall. Das habe ich mir schon gedacht. Es wäre ja auch ein Wunder, wenn es nicht so wäre.
»Warum kannst du denn hier nicht weiterarbeiten?«
Jan versteht die Welt nicht mehr, und Philip fragt erschreckt:
»Müssen wir dann Nico und die Katze hierlassen?«
Über diesen Punkt kann ich sie beruhigen. Die beiden müßten selbstverständlich mit. Ohne unsere Tiere ziehen wir nicht um.
»Aber den Schreiner-Opa, den können wir nicht mitnehmen.«
Das ist nun leider wahr. Ich versuche, ihnen noch einmal genau zu erklären, warum ich mich beworben habe und was es für mich bedeuten würde, wenn ich diese Stelle bekäme.

Lisa erklärt sich als erste einverstanden, unter der Bedingung, daß sie dann endlich ihr eigenes Zimmer bekommt. Die Zwillinge wären auch bereit, mit sich reden zu lassen, wenn es dafür für jeden von ihnen ein neues Fahrrad gäbe. Diese Materialisten. Nur Katja sagt ganz leise: »Ich möchte lieber hierbleiben.« Schließlich würde das ja auch bedeuten, daß ihr Vater dann noch vierhundert Kilometer weiter von ihr weg wäre. Doch als ich sie frage, ob sie möchte, daß ich das Angebot ablehne, falls man mir eins macht, schüttelt sie energisch den Kopf.
»Das kannst du dir gar nicht leisten. Das mußt du annehmen. Dann ziehen wir eben um.«
Manchmal ist sie schrecklich erwachsen. Und sie ist doch erst dreizehn. Oft sieht es so aus, als habe sie einfach die letzten dreieinhalb Jahre ihrer Kindheit übersprungen.

Mit entsprechend zwiespältigen Gefühlen bin ich nach München gefahren. Peter hatte ich kein Wort davon erzählt. Wenn nichts draus wird, kann ich mir eine Auseinandersetzung ersparen, habe ich mir gesagt. Der wirkliche Grund ist, ich wollte mir von ihm nicht den Mut nehmen lassen. Ich bin sicher, er hätte versucht, mir diese Bewerbung auszureden. Er hätte mir klargemacht, daß ich damit eine Stufe zu hoch greife. Mir ist aufgefallen, daß er mir seit diesem Krach über meinen Artikel bei allen möglichen und unmöglichen Gelegenheiten vor Augen führt, wo meine Grenzen liegen. Privat ist er lieb, lustig und zärtlich. Er hat doch tatsächlich das Thema Heirat wieder aufgegriffen und ein harmonisches Bild unseres zukünftigen Zusammenseins entworfen. Er freue sich direkt darauf, sich mehr um die Kinder kümmern zu können. Vielleicht leide ich unter Verfolgungswahn, aber sein plötzlich zutage tretendes Familiengefühl ist mir nicht ganz geheuer. Ob er mich vielleicht doch lieber hinterm Herd als hinterm Schreibtisch sieht? Es wäre sicher nicht schlecht, wenn wir etwas räumliche Distanz zwischen uns legen könnten. Vielleicht könnte ich mir dann endlich Klarheit darüber verschaffen, ob ich ihn wirklich heiraten will. Er scheint das nicht in Frage zu stellen.

Ich fühle mich ausgesprochen mies, als ich ihm dann doch von meiner Bewerbung erzählen muß. Das Gespräch in München verlief sehr positiv. Man hat mir gleich einen Anstellungsvertrag vorgelegt, und ich habe ihn unterschrieben. Peter ist sehr getroffen, zutiefst gekränkt, und ich kann ihm das nicht verübeln. Das wäre ich an seiner Stelle auch.
»Bei einer so wichtigen Entscheidung, die unser beider Leben betrifft, sprichst du noch nicht mal mit mir darüber. Ich will ja überhaupt nicht davon reden, daß du mich um meinen Rat hättest fragen sollen. Du machst sowieso, was du willst. Aber ohne ein Wort einfach nach München zu fahren, um dich dort vorzustellen. Das ist hart. Ich muß feststellen, ich bin dir völlig Wurscht.«
»Das ist nicht wahr. Laß es dir doch erklären…«
»Was gibt es da noch zu erklären. Ich habe verstanden. Tja«, und dabei setzt er sein schönstes Lächeln auf, das, bei dem ich immer weich werde, »das war's ja dann wohl mit uns beiden. Viel Glück.«

Es tut weh, aber nicht so weh, wie ich gedacht hatte. Vielleicht weil all das Neue, der Trubel mich nicht zum Nachdenken kommen läßt. Ich habe so viel zu tun. Die eigenen Zweifel an der Richtigkeit meiner Entscheidung bekämpfen, die Zweifel an meiner Kompetenz. Das stille, traurige Gesicht von Katja ertragen. Dem Wechselbad der Gefühle standhalten, von dem die Zwillinge überschwemmt werden: Mal sind sie voller Tatendrang, was sie alles am neuen Wohnort machen werden, und schwärmen, wie schön ihr neues Zimmer wird, und dann wieder sind sie voller Ratlosigkeit über den Verlust der altgewohnten Umgebung und all ihrer Freunde. Nur Lisa hat sich offensichtlich entschieden, den Umzug grundsätzlich gut zu finden. Schon Wochen vorher fängt sie an zu packen. Und überrascht mich dann mit dem Satz:
»Da bleiben wir dann aber für immer wohnen. Noch mal ziehe ich nicht um.«
Merkwürdig. Keines meiner Kinder spricht mich darauf an, was jetzt aus meiner Heirat mit Peter wird. Dieses Thema wird ausgespart, und ich habe auch keine Lust, darüber zu sprechen. Zwei Tage lang blieb Peter gegenüber meinen Bitten taub, ihm meine Entscheidung, mein Verhalten erklären zu dürfen. Dann gab er nach, und wir haben uns getroffen. Es war ein schwieriges Gespräch. Aber wir haben beide festgestellt, daß uns sehr viel an der Fortdauer unserer Beziehung liegt, trotz aller Schwierigkeiten. Wir wollen versuchen, sie auch über die räumliche Distanz hinweg zu retten.

Peter kommt uns in München besuchen. Und es sind schöne Tage, wenn er da ist. Wir sind uns wieder etwas nähergekommen. Er hat mir meinen Verrat verziehen, wie er sagt. Die Trennung tut uns gut, meine ich. Wir bemühen uns wieder mehr umeinander. – Aber die Abstände zwischen seinen Besuchen werden größer. Und dann kommt ein Brief. Er finde es doch besser, wenn wir unser Verhältnis beenden würden. Er sehe dafür keine Zukunft mehr.

Zuerst bin ich sehr traurig, aber dann stelle ich fest, daß ich erleichtert bin. Ich glaube, ich war auf dem besten Wege, alte Fehler zu wiederholen. Ich habe bei anstehenden Entscheidungen in letzter Zeit zu oft erst einmal daran gedacht, was wohl Peter dazu sagen würde. Es wird Zeit, endlich unabhängig zu werden. Ohne Mann läßt es sich auch ganz gut leben.

Und dann treffe ich Fritz. Aber das ist ein ganz anderes Kapitel, ein ganz besonderes Kapitel. Er ist der erste Mann, dem ich sage: »Ich liebe dich.«
Er ist einfach eines Tages in mein Leben getreten, im wahrsten Sinne des Wortes, nämlich durch meine Wohnungstür. Eine Kollegin hatte ihn zu meiner Geburtstagsparty mitgebracht. Ich mache die Tür auf, und da steht er. Er sieht mich an und bleibt. Das heißt, natürlich nicht gleich, aber er hatte sich in diesem Moment schon entschlossen, hat es mir auch am selben Abend schon gesagt.

Am Anfang lasse ich mir diese überfallähnliche Zuneigung leicht amüsiert gefallen. Er zweifelt nicht daran, daß ich seine große Liebe bin, und weiß ganz sicher, daß ich ihn auch liebe. Da weiß er mehr als ich. Ich merke erst, wie wichtig er mir geworden ist, als es zu spät ist. Ich sitze in der Falle. Aus der komme ich so schnell nicht wieder raus.
Dabei kann ich so jemanden wie Fritz überhaupt nicht gebrauchen. Er ist in kleinen Dingen ungeheuer pedantisch – das wird unser tägliches Zusammenleben nicht gerade erleichtern. Er kann erstaunlich großzügig sein, aber dann wieder entsetzlich kleinlich. Kinder kann er nicht ausstehen, und ich habe bekanntlich vier. Und er liebt die Frauen. Nicht nur mich.

Hatte ich mich nach all den Kämpfen nicht entschlossen, mich in Zukunft von solchen Männern fernzuhalten? Habe ich denn nichts gelernt? Fängt jetzt wieder alles von vorn an? Aber warum eigentlich nicht? Ich freue mich drauf.

Ende

Die Frau in der Gesellschaft

Martin Carton
Etwas Besseres als einen Ehemann findest du allemal
Roman. Band 4718

Anna Dünnebier
Der Quotenmann
Roman. Band 11779

Christine Grän
Die kleine Schwester der Wahrheit
Roman. Band 10866

Eva Heller
Beim nächsten Mann wird alles anders
Roman. Band 3787

Bettina Hoffmann
Abgang mit Applaus
Band 11613

Anna Johann
Geschieden, vier Kinder, ein Hund – na und? Band 11118

Claudia Keller
Windeln, Wut und wilde Träume
Briefe einer verhinderten Emanze
Band 4721
Kinder, Küche und Karriere
Neue Briefe einer verhinderten Emanze. Band 10137
Frisch befreit ist halb gewonnen
Reisebriefe einer verhinderten Emanze. Band 10752
Der Flop
Roman. Band 4753
Kein Tiger in Sicht
Satirische Geschichten. Band 11945

Fern Kupfer
Zwei Freundinnen
Roman. Band 10795

Doris Lerche
Der lover
Band 10517
Eine Nacht mit Valentin
Erzählungen
Band 4743
21 Gründe, warum eine Frau mit einem Mann schläft
Erzählungen
Band 11450

Hera Lind
Ein Mann für jede Tonart
Roman. Band 4750
Frau zu sein bedarf es wenig
Roman. Band 11057

Fischer Taschenbuch Verlag

fi 21 / 3 a

Die Frau in der Gesellschaft

Harriet Ayres (Hg.)
**Schönen Tod noch,
Sammy Luke**
Zehn mörderische
Geschichten
Band 10619

Fiorella Cagnoni
Eine Frage der Zeit
Kriminalroman
Band 10769

Sabine Deitmer
Bye-bye, Bruno
Wie Frauen morden
Band 4714
**Auch brave
Mädchen tun's**
Mordgeschichten
Band 10507
Kalte Küsse
Kriminalroman
Band 11449

Ellen Godfrey
Tödlicher Absturz
Ein Kriminalroman
Band 11559

Sarah Dreher
Stoner Goes West
Kriminalroman
Band 11556
(in Vorbereitung)

Ingrid Hahnfeld
Schwarze Narren
Kriminalroman
Band 11076

Maria A. Oliver
Drei Männer
Kriminalroman
Band 10402
Miese Kerle
Kriminalroman
Band 10868

Elisabet Peterzén
**Bis daß der Tod
sie scheidet**
Thriller
Band 11293

Shirley Shea
Katzensprung
Ein Kriminalroman
Band 11021

Katrin & Erik Skafte
**Lauter ganz
normale Männer**
Ein Krimi –
Nur für Frauen
Band 4732

Fischer Taschenbuch Verlag

fi 21 / 2 b

Die Frau in der Gesellschaft

Maya Angelou
Ich weiß, daß der gefangene Vogel singt. Band 4742

Mariama Bâ
Der scharlachrote Gesang
Roman. Band 3746

G. Brinker Gabler
Deutsche Dichterinnen vom 16. Jahrhundert bis zur Gegenwart
Gedichte und Lebensläufe
Band 3701

Janina David
Leben aus zweiter Hand
Roman. Band 4744

M. Rosine De Dijn
Die Unfähigkeit
Band 3797

Anna Dünnebier
Eva und die Fälscher
Roman. Band 4728

A. Dünnebier (Hg.)
Mein Genie
Haßliebe zu Goethe & Co.
Band 10836

Ursula Eisenberg
Tochter eines Richters
Roman. Band 10622

Oriana Fallaci
Brief an ein nie geborenes Kind
Band 3706

M. Gabriele Göbel
Amanda oder Der Hunger nach Verwandlung
Erzählungen
Band 3760

A.-M. Grisebach
Eine Frau Jahrgang 13
Roman einer unfreiwilligen Emanzipation. Band 4750
Eine Frau im Westen
Roman eines Neuanfangs
Band 10467

Helga Häsing
Unsere Kinder, unsere Träume
Band 3707

Helga Häsing/
I. Mues (Hg.)
Du gehst fort, und ich bleib da
Gedichte und Geschichten von Abschied und Trennung
Band 4722

Fischer Taschenbuch Verlag

fi 20 / 22 a

Die Frau in der Gesellschaft

Helga Häsing/
I. Mues (Hg.)
Vater und ich
Eine Anthologie
Band 11080

Bessie Head
**Die Farbe
der Macht**
Roman. Band 11679

B. Head/
E. Kuzwayo/
N. Gordimer u. a.
**Wenn der
Regen fällt**
Erzählungen
aus Südafrika
Band 4758

Jutta Heinrich
Alles ist Körper
Extreme Texte
Band 10505
**Das Geschlecht
der Gedanken**
Roman. Band 4711

Irma Hildebrandt/
Eva Zeller (Hg.)
**Das Kind, in
dem ich stak**
Gedichte und
Geschichten über
die Kindheit
Band 10429

Sibylle Knauss
Erlkönigs Töchter
Roman. Band 4704

Rosamond Lehmann
**Aufforderung
zum Tanz**
Roman. Band 3773
Der begrabene Tag
Roman. Band 3767
Dunkle Antwort
Roman. Band 3771
**Der Schwan
am Abend**
Fragmente
eines Lebens
Band 3772

Rosamond Lehmann
**Wie Wind in
den Straßen**
Roman. Band 10042

M. Lohner (Hg.)
**Was willst du,
du lebst**
Trauer und Selbstfindung in Texten
von Marie Luise
Kaschnitz
Band 10728

Audre Lorde
Zami
Ein Leben
unter Frauen
Band 11022

Monika Maron
Flugasche
Roman. Band 3784

Johanna Moosdorf
Die Andermanns
Roman. Band 11191

Fischer Taschenbuch Verlag

Die Frau in der Gesellschaft

Johanna Moosdorf
Die Freundinnen
Roman. Band 4712
**Jahrhundert-
träume**
Roman. Band 4739
**Fahr hinaus in
das Nachtmeer**
Gedichte. Bd. 10217
Die Tochter
Geschichten aus
vier Jahrzehnten
Band 10506
**Franziska
an Sophie**
Erzählung
Band 11861

Ronnith Neumann
Nirs Stadt
Erzählungen
Band 10574
Die Tür
Erzählungen
Band 11055

Maria Nurowska
**Postscriptum für
Anna und Miriam**
Roman. Band 10309

Carme Riera
**Selbstsüchtige
Liebe**
Novelle. Band 11096

Karin Rüttimann
Schwalbensommer
Roman. Band 4749
Warten auf L.
Sylter Winterballade
Band 10885

Marlene Stenten
Albina
Monotonie um
eine Weggegangene
Band 10994
Puppe Else
Band 3752

M. Tantzscher (Hg.)
Die süße Frau
Erzählungen aus
der Sowjetunion
Band 3779

Miriam Tlali
Soweto Stories
Band 10558

Johanna Walser
Die Unterwerfung
Erzählung
Band 11448

Charlotte Wolff
Flickwerk
Roman. Band 4705

Yvette Z'Graggen
Zerbrechendes Glas
Roman. Band 4737

Fischer Taschenbuch Verlag

fi 20/12 c

Hera Lind

Ein Mann für jede Tonart

Roman. Band 4750

Die Heldin des Romans ist eine Musikstudentin, Mitte Zwanzig, die, kaum daß sie der streng moralischen Erziehung ihrer Tante Lilli entronnen ist, beginnt, das Leben in vollen Zügen zu genießen. Sie verdingt sich als Sängerin bei Konzerten westdeutscher Kleinstadtkultur und sieht sich alsbald durch zwei zähe Verehrer mit ernsthaften Absichten zur umschwärmten Perfektfrau und Vorstadt-Callas gemacht. Prekäre Situation: Sie läßt sich, emanzipiert und lebensfroh wie sie ist, sowohl mit dem verheirateten Arzt als auch mit dem einflußreichen Kritiker ein. Als sie schwanger wird und durch allzumenschliches Versagen eine Welturaufführung platzen läßt, bricht die Illusion vom fröhlich-freien Künstlerinnendasein jäh zusammen. Doch wie jede gute Geschichte nimmt auch diese eine überraschende Wendung...

Mit Sinn für komische Situationen, überraschende Slapstickszenen und witzige Dialoge schrieb Hera Lind einen frechen, amüsanten Roman.

Fischer Taschenbuch Verlag